Marco Winter

Armutsbekämpfung und Mikroversicherungen - Was können Versicherer von Mikrobanken lernen?

Eine Untersuchung von
Mikroversicherungsprodukten
unter besonderer Berücksichtigung
des BOP-Marktes in Bangladesch

Winter, Marco: Armutsbekämpfung und Mikroversicherungen - Was können Versicherer von Mikrobanken lernen? Eine Untersuchung von Mikroversicherungsprodukten unter besonderer Berücksichtigung des BOP-Marktes in Bangladesch, Hamburg, Igel Verlag RWS 2014

Buch-ISBN: 978-3-95485-178-2
PDF-eBook-ISBN: 978-3-95485-678-7
Druck/Herstellung: Igel Verlag RWS, Hamburg, 2014

Bibliografische Information der Deutschen Nationalbibliothek:
Die Deutsche Nationalbibliothek verzeichnet diese Publikation in der Deutschen Nationalbibliografie; detaillierte bibliografische Daten sind im Internet über http://dnb.d-nb.de abrufbar.

© Igel Verlag RWS, Imprint der Diplomica Verlag GmbH
Hermannstal 119k, 22119 Hamburg
http://www.diplomica.de, Hamburg 2014
Printed in Germany

Inhaltsverzeichnis

Abkürzungsverzeichnis

AIDS	Acquired Immune Deficiency Syndrome
BIP	Bruttoinlandsprodukt
BMZ	Bundesministerium für wirtschaftliche Zusammenarbeit und Entwicklung
BNE	Bruttonationaleinkommen
BOP	Bottom of the Pyramid (Fuß der Wohlstandspyramide)
CIS	Commonwealth of Independent States
Co.	Cooperation
DFÜ	Datenfernübertragung
DTN	Datentransfernummer
GB	Grameen Bank
GCAP	Consultative Group to Assist the Poor
GE	Geldeinheiten
GTZ	Gesellschaft für Technische Zusammenarbeit
HDI	Human Development Index
HDR	Human Development Report
HIV	Human Immunodeficiency Virus
HPI	Human Poverty Index
IB	Islamic Banking
ILO	International Labour Office
KKP	Kaufkraftparität
Ltd.	Limited
MDG	Millenium Develepment Goals
MFG	Micro Finance Gateway (Mikrofinanzplattform)
MFI	Micro Finance Institution (Mikrofinanzinstitution)
MH	Moral Hazard
MIC	Micro Insurance Center
NGO	Non Gouvernement Organizations (Nicht-Regierungsorganisationen)
NN	Normalnull
NPL	National Poverty Line
OECD	Organization for Economic Co-operation and Development
OHCHR	Office of the United Nations High Commissioner for Human Rights
p.a.	pro anno
UN	United Nations (Vollversammlung der Vereinten Nationen)
UNDP	United Nations Development Programme
WHO	World Health Organization

Abbildungsverzeichnis

Tabellenverzeichnis

1 Einführung

1.1 Armutsbekämpfung: Herausforderungen des 21. Jahrhunderts

Im September 2000 verabschiedeten Staats- und Regierungschefs von 189 Ländern in einem Gipfeltreffen der Vollversammlung der Vereinten Nationen (United Nations, UN) in New York die sog. Millenniumserklärung. Diese Vereinbarung beschreibt die wesentlichen globalen Herausforderungen für die internationale Politik zu Beginn des 21. Jahrhunderts. Die Erklärung beinhaltet acht Zielsetzungen, deren Verwirklichung bis Ende 2015 erreicht werden soll, die "Millennium Development Goals" (MDGs):

Millenniumserklärung der UN: Acht Entwicklungsziele zur Senkung der Weltarmut bis 2015 Es soll …

Ziel 1:	… der Anteil der Weltbevölkerung, der unter extremer Armut und Hunger leidet, halbiert werden.
Ziel 2:	… allen Kindern eine Grundschulausbildung ermöglicht werden.
Ziel 3:	… die Gleichstellung der Geschlechter und die politische, wirtschaftliche und soziale Beteiligung von Frauen besonders im Bereich der Ausbildung gefördert werden.
Ziel 4:	… die Kindersterblichkeit verringert werden.
Ziel 5:	… die Gesundheit der Mütter verbessert werden.
Ziel 6:	… HIV/AIDS, Malaria und andere übertragbare Krankheiten bekämpft werden.
Ziel 7:	… der Schutz der Umwelt verbessert werden.
Ziel 8:	… eine weltweite Entwicklungspartnerschaft aufgebaut werden.

Tabelle 1: Millennium Development Goals – MDG (Quelle: BMZ 2007a)

Zur Bekämpfung der Armut gibt es verschiedene Ansätze und Projekte. Zu nennen sind hier u. a. Subventions-, Spenden- oder Regierungsprogramme, Entwicklungshilfe oder die Arbeit von Nicht-Regierungs-Organisationen („Non Gouvernement Organizations" (NGOs)) etc. Die meisten Ansätze zur Lösung von Armutsproblemen sind häufig regional oder lokal begrenzt. Sie helfen und haben teilweise enormen Erfolg, aber es stellt sich die Frage: Was passiert, wenn die Subventions- oder Spendenmittel erschöpft sind, Regierungsprogramme auslaufen oder die NGO das Dorf verlässt?

Spendensysteme zur nachhaltigen Unterstützung reichen zur Verwirklichung der MDGs nicht aus. Sie bewirken sogar teilweise das Gegenteil und führen zu wirtschaftlichen Verzerrungen oder sind Anlass für politische Korruption. Es bedarf alternativer und/oder ergänzender Lösungen, wenn die Weltarmut halbiert werden soll. Wie aber können betroffene Menschen nachhaltig aus der Armut ausbrechen und wie können arme Menschen, wenn sie auf sich selbst gestellt sind, aus eigener Kraft ein Leben frei von Almosen führen?

1.2 Mikromärkte: Ein Instrument zur nachhaltigen Armutsbekämpfung

C. K. PRAHALAD (2006) publizierte in seinem Buch „The fortune on the bottom of the pyramid" (BOP) einen völlig neuen Denkansatz zur Lösung von Armutsproblemen. Es ist ein ökonomischer Ansatz, der bis Mitte/Ende des 20. Jahrhunderts von Fachkundigen eher geringwertig geschätzt wurde und bis in die Gegenwart in traditionellen ökonomischen Schulen eher weniger Beachtung findet.

PRAHALAD formulierte mit seinem Ansatz eine neue Denkweise. Er identifizierte die Armen am „Fuß der Wohlstandspyramide" (BOP) als eine enorme Zahl an potenziellen Unternehmern und Konsumenten und damit einen enormen, nicht genutzten Reichtum, der verschwendet wird. Nach allgemein herrschender Auffassung ist der BOP für Unternehmen jedoch wenig attraktiv. Die Zahl der Menschen mag zwar quantitativ ein großes wirtschaftliches Potenzial innehaben, aber Arme verfügen über ein zu geringes Einkommen, um sie mit Waren oder Dienstleistungen zu versorgen (vgl. PRAHALAD 2006, S. 25-28). Zudem fehlt es Armen an Investitionsmöglichkeiten und sie haben damit kaum Chancen, als Unternehmer aufzutreten. Das Potenzial am BOP wurde und wird durchaus anerkannt. Es mangelt meist an Wegen, dieses zu erschließen.

Innovative Unternehmen erkennen und nutzen den BOP aber auch als Chance. „Wenn wir aufhören, die Armen als Opfer … zu sehen, und stattdessen erkennen, dass sie flexible und kreative Unternehmer und preisbewusste Konsumenten sind, eröffnet sich plötzlich eine völlig neue Welt der Möglichkeiten." (ebd., S. 17-18)

Ein Unternehmertum auf einer Mikroebene, sog. Sozialunternehmertum („social entrepreneurship"), ist ein wesentlicher Schlüssel: Arme könnten sich aus der Armut befreien, wenn sie selbst und eigenverantwortlich an Wertschöpfungsprozessen beteiligt werden und Zugang zu modernen Produkten und Dienstleistungen erhalten – wenn auch unter den Voraussetzungen der spezifischen BOP-Situation. Und dies geht nur auf Basis eines eigenständig funktionierenden Wirtschaftssystems. Das Abschöpfen von Mehrwerten durch Dritte, also Ausbeutung, fördert die Armutssituation. Almosen oder Spenden können in Notlagen lediglich lindern. Das Neue an PRAHALADS Denkweise war, die Menschen, die mit weniger als zwei US$ am Tag auskommen müssen, als Teilnehmer eines *Marktes*, des sog. BOP-Marktes mit seinen besonderen Bedingungen, zu sehen (vgl. ebd., S. 29-36).

1.3 Finanz- und Versicherungsdienstleistungen für Mittellose?

Eine selbstverantwortliche Beteiligung Armer an der Wertschöpfungskette setzt aber voraus, dass sie Möglichkeiten finden müssen, in einkommensproduzierende Projekte zu investieren. Investieren für Mittellose bedeutet wiederum, dass in der Regel finanzielle Fremdmittel beschafft werden müssen, da die Betroffenen nicht oder kaum über Reserven verfügen. Armen ist der Zugang zu modernen Finanzdienstleistungen jedoch nicht möglich. Nach traditioneller Auffassung wären sie zu arm und damit nicht kreditwürdig, weil es keine Sicherheiten gibt. Außerdem würden sie nicht mit Geld umgehen können, was aber genau genommen ein anzuzweifelndes Vorurteil ist, denn Haushalte mit einem sehr geringen Einkommen müssen äußerst effizient mit diesem umgehen.

Hinzu kommet, dass die Höhe des Kreditbedarfes sehr gering und damit wenig lukrativ für Geschäftsbanken ist. Anfangs werden zum Teil verhältnismäßig geringe Summen benötigt, nicht selten unter 50 US$ (vgl. SPIEGEL, P. 2006, S. 26-27). Nach den Regeln über Kreditvergabeentscheidungen konventioneller Banken ist dieser Bedarf so gering, dass die absoluten Zinseinnahmen kaum die Kosten der Kreditabwicklung decken würden. Im Falle einer Zahlungsunfähigkeit des Schuldners wäre wegen des Mangels an Sicherheiten damit zu rechnen, dass die Bank die Forderung gänzlich abschreiben muss. Dies sind ideale Bedingungen für Geldverleiher, die Fremdkapital zu Wucherzinsen bereitstellen.

Es mag ungewöhnlich anmuten, in der Dritten Welt von Finanz- oder Versicherungsdienstleistungs*märkten* zu sprechen. Es gibt auf der einen Seite zwar die Nachfrage nach Fremdkapital, auf der anderen Seite ist es aber scheinbar unmöglich, reguläre Anbieter auf diesem Markt zu finden.

An diesem Punkt setzt PRAHALAD (2006) an. Er sagt, dass die Zielgruppe des BOP-Marktes weltweit etwa vier Milliarden Menschen umfasse. Um diese Märkte zu erschließen, müsse man Systeme entwickeln, die die natürlichen Bedingungen und Gegebenheiten dieser Märkte berücksichtigen. Er durchbricht allgemein herrschende Denkweisen: Es sei z. B. falsch zu sagen, dass man keine Produkte am BOP anbiete, weil sich die Konsumenten die Produkte nicht leisten können. Richtig sei vielmehr, dass die Produkte der Anbieter für den Markt ungeeignet seien. Folgt man dieser These, ließe sich deutlicher sagen, dass die Fehler bei den Anbietern zu suchen wären, da diese wenig oder nicht in der Lage sind, Produkte für BOP-Märkte zu entwickeln. Um den Bedarf zu decken, wären allerding moderne, kreative, innovative Lösungen gefragt, um den Kunden die Produkte zugänglich zu machen (PRAHALAD, 2006, S. 25-28).

Trifft diese Beurteilung PRAHALADS zu, dann ließe sich dieser Grundgedanke auch auf Finanz- oder Versicherungsdienstleitungen übertragen. Und in der Tat lässt sich am BOP ein enormer Bedarf an Fremdkapital und gerade an Absicherung von Risiken identifizieren. Auf der anderen Seite bedarf es großer Anstrengungen, diesen Bedarf zu decken, weil der Markt Besonderheiten aufweist, die sehr genau analysiert werden müssen.

Bei der Entwicklung von Produkten muss bspw. darauf geachtet werden, die Kostenstruktur oder das Marketing eines Produktes so zu gestalten, dass es für diesen Markt geeignet ist. Das bedeutet letztlich, sehr genau den Nutzen eines Produktes oder z. B. die Vertriebswege auf die Nachfrager zuschneiden. Zudem werden aber auch Variablen, wie etwa die Verlässlichkeit von Rechtssystemen, das herrschende Bildungsniveau oder etwa die Frage der Stabilität politischer Systeme für eine Produktentwicklung relevant sein. Das darf aber nicht bedeuten, dass die Qualität des Produktes verringert wird. Im Gegenteil, die Qualitätsansprüche sind enorm hoch. Ein minderwertiges Produkt wird sich auf BOP-Märkten nicht durchsetzen. Und letztlich: Kein Anbieter wird sich aus rein altruistischen Gründen an einem solchen Markt engagieren. Es muss also auch den shareholdern gelingen, Anreize zu finden, in diesen Markt zu investieren.

Für den Versicherungsbereich bedeutet das, dass sich ein ohnehin stark erklärungsbedürftiges Produkt mit bspw. zahlreichen Einzelklauseln im sog. Kleingedruckten kaum durchsetzen wird. Es müssen klar definierte, eindeutige Risiken versichert und Schadensfälle unkompliziert reguliert werden können. Es muss aber bspw. auch erörtert werden, wie mit dem Problem des moral hazard oder dem Risiko des Versicherungsbetruges umzugehen sein wird.

Auf dem Gebiet der Finanzdienstleistungen hat vor allem eine Bank Aufmerksamkeit erregt und gezeigt, dass es möglich ist, Kredite an Arme zu vergeben. Es ist die wohl älteste, von MUHAMMAD YUNUS gegründete GRAMEEN BANK (GB, übersetzt: „Dörfliche Bank") in Bangladesch. Diese Bank arbeitet seit 1995 ohne staatliche Subventionen auf rein kommerzieller Basis und vergibt Kleinstkredite an Arme. Der Erfolg dieser Mikrofinanzinstitution (MFI) war beispielhaft für die Bekämpfung der Armut in Ländern der Dritten Welt. 64 Prozent der GRAMEEN-Kunden haben die Armutsgrenze durchbrochen (YUNUS 2007). Mittlerweile wurden in den letzten zehn Jahren weltweit 223 GRAMEEN-Programme in 58 Entwicklungsländern ins Leben gerufen, die sich an dem System und den Erfahrungen der Bank in Bangladesch orientieren (vgl. GRAMEEN 2007).

1.4 Problemstellung

Nachhaltigkeit bedeutet, dass es gelingen muss, Armen Wege zu öffnen, die einen *dauerhaften* Ausstieg aus der Armutssituation und ein Leben *unabhängig* von Spenden und Almosen ermöglichen. Das bedeutet, dass auf der einen Seite das Investieren in Produktionsmöglichkeiten, deren Ergebnis eine Verbesserung der Einkommenssituation Armer sein muss, unabdingbar ist. Auf der anderen ist aber ein Absichern von erreichten Zuständen und Verbesserungen notwendig. Dieses betrifft sowohl Sachwerte als auch die Arbeitskraft und/oder die Gesundheit der Betroffenen.

Versicherungen sind *eine* Möglichkeit des Transfers von Risiko an Versicherungsunternehmen bzw. Versicherer. Sie sind Teil des Risikomanagements allgemein (vgl. u. a. ZWEIFEL/EISEN 2003, S. 3; FARNY 2000, S. 21). *Mikro*versicherungen sind Versicherungen, die auf die Bedürfnisse des Risikotransfers armer Menschen, die am BOP leben, konzipiert sind. Sie sind *ein* Beitrag, die Verletzbarkeit armer Haushalte zu senken bzw. erreichte Zustände der Verbesserung von Armutssituationen abzusichern.

Das Konzept der GB ist aus ökonomischer Sicht beispielhaft dafür, dass das Kreditwesen auf dem BOP-Markt offensichtlich funktionieren kann, Marktbedingungen akzeptiert und Produkte gefunden wurden, die Armen einen Zugang zu Finanzdienstleistungen ermöglichen.[1] Die Zunahme der Zahl der Anbieter an Mikrobanken zeigt, dass das Geschäft mit Mikrokrediten weltweit Erfolg hat und das System übertragbar ist. Einerseits wird Armen eine ernst zu nehmende Perspektive zum Ausstieg aus dem „Kreislauf der Armut" (vgl. NUSCHELER 2006, S. 194) geboten, andererseits sind Banken in der Lage, subventionsfrei und damit ökonomisch unabhängig zu wirtschaften.

Initiiert wurde das Thema für diese Arbeit durch eine Nachrichtenmeldung: Der deutsche Versicherer ALLIANZ startete im August 2006 in Indonesien ein einjähriges Pilotprojekt mit einer Mikroversicherung unter dem Namen „Payung Keluarga" (wörtlich: „Familien-Regenschirm", vgl. ALLIANZ 2006). Diese Versicherung ist eine Todesfallabsicherung für Nehmer von Mikrokrediten. Mit dem Produkt werden Kredite mit einer Durchschnittshöhe von 2 Mio. Rupien (240 US$) abgesichert. Im Todesfall des Kreditnehmers während der Vertragslaufzeit werden das Darlehen und die ausstehenden Zinsen abgelöst und zusätzlich

---

[1] Daneben gibt es aber auch weitere Mikrobanken, z.B. baut die christliche NGO „Opportunity International" ebenfalls eigenständig seit Anfang der 70er Jahre sog. Trustbanks (Vertrauensbanken) nach dem Prinzip der GB auf (OI 2007). Die GB ist vor allem aus dem Grund als Beispiel gewählt worden, weil diese finanziell unabhängig von Spenden arbeitet und klar das Ziel der ökonomischen Unabhängigkeit hat.

das Doppelte des ursprünglichen Darlehensbetrages an die Hinterbliebenen ausgezahlt. Die Jahresprämie beträgt durchschnittlich 20.000 Rupien (2,40 US$). Minimumprämien liegen bei umgerechnet 0,66 US$ pro Jahr (ebd.). Dieses und weitere realwirtschaftliche Projekte und Experimente auf dem Gebiet der Versicherungswirtschaft gaben Anlass, sich tiefgründiger mit der Thematik auseinanderzusetzen. Zudem erregte die Verleihung des Friedensnobelpreises 2006 an MUHAMMAD YUNUS für die Arbeit der GRAMEEN BANK weltweit Aufmerksamkeit. Das ist ein Grund, einen genaueren Blick auf das System der Bank und die spezifischen Bedingungen des BOP-Marktes in Bangladesch zu richten.

Das Bankenwesen ist dem Versicherungswesen sehr ähnlich. Das „micro banking" hat sich im Zeitverlauf ab etwa Mitte der 70er Jahre des 20. Jahrhunderts gegen viele Widerstände zu einem bedeutsamen und mittlerweile auch von NGOs sowie Hilfs- und Spendenorganisationen anerkannten Instrument der wirksamen Armutsbekämpfung entwickelt. Das breitere Interesse an Mikroversicherungen dagegen steckt noch in den Kinderschuhen und entwickelt sich seit etwa zehn Jahren stärker.

Es liegt auf der Hand, dass es wegen relativ geringer Beträge ein besonderes Problem sein könnte, die Zahlung von Prämien zu organisieren. Am BOP gibt es keinen kostenminimierenden elektronischen Zahlungsverkehr, weil es an einer geeigneten Infrastruktur mangelt und weil die Kunden aus weiteren Gründen zu Bankensystemen keinen Zugang haben. Die Kunden haben bspw. kein regelmäßiges und darüber hinaus nur ein geringes Einkommen. Wie also organisieren MFIs die Rückzahlung von Darlehen? Wie kann das Inkasso von Versicherungsprämien effizient möglich sein? Lassen sich aufgrund der Ähnlichkeit der Geschäftsfelder der Banken und der Versicherer Synergien identifizieren?

Die Beantwortung der Frage, was Versicherer von Mikrobanken lernen können, befasst sich damit, marktrelevante Besonderheiten herauszuarbeiten, die für Finanzdienstleistungsunternehmen am BOP-Markt aus einer versicherungsspezifischen Perspektive bedeutsam sein können. Ableitend aus der Feststellung PRAHALADs, dass die Produkte konventioneller Ökonomien für den BOP-Markt nicht geeignet seien, stellt sich die Frage, ob sich Kriterien identifizieren lassen, die Versicherungsprodukte erfüllen müssen, damit diese für die Kunden aus armen Haushalten geeignet und interessant sind. Gibt es Möglichkeiten bzw. Ansätze für die Umsetzbarkeit dieser Kriterien, die sich aus den Erfahrungen der Arbeit von Mikrobanken ableiten lassen?

1.5 Struktur der Arbeit

Im folgenden Kapitel sollen zunächst einige wesentliche Begriffsbestimmungen vorgenommen werden. Der Begriff „Armut" wird für das Mikroversicherungswesens operationalisiert. Die spezifische Risikosituation Armer wird im Anschluss detailliert untersucht und es werden Möglichkeiten der Versicherbarkeit Armer analysiert sowie ausgewählte Produktentwicklungen vorgestellt.

Im 3. Kapitel wird das Land Bangladesch hinsichtlich besonderer, landesspezifischer Marktbedingungen für Mikroversicherungsprodukte analysiert. Im Anschluss wird im 4. Kapitel das System der GRAMEEN BANK vorgestellt. Im Focus stehen dabei Informationen, die für Versicherer bedeutsam sein können.

Im 5. Kapitel werden Mikrobank- und Mikroversichereraktivitäten analysiert und Schnittstellen beider Dienstleistungen herausgearbeitet. Es werden Versicherungsprodukte beleuchtet, die in Mikrokrediten enthalten sind und deren Grenzen herausgestellt. Sodann wird ein Lebensversicherungsprodukt eines Versicherers aus Bangladesch diskutiert und dessen Erfahrungen aus der erfolgreichen Abwehr des Scheiterns eines Mikroversicherungsproduktes ausgewertet.

Im Schlusskapitel 6 werden ausgewählte, wesentliche Kriterien für Mikroversicherungsprodukte abgeleitet. Anhand eines der entwickelten Kriterien wird dessen BOP-Marktrelevanz am Beispiel von Abschlussprovisionen diskutiert und ein Vorschlag für die Organisation eines Vertriebssystems unterbreitet.

2 Begriffsbestimmungen

2.1 Armut und Messindikatoren

2.1.1 Der Ressourcenansatz

Weltweit leben mehr als eine Milliarde Menschen unter extremsten Armutsbedingungen. Armut selbst ist jedoch nur schwer quantifizierbar. Hunger, Leid, Krankheit, Angst etc. sind typische Ausprägungen von Armut, lassen sich aber nur bedingt monetär bewerten. Eine häufige Möglichkeit, Armut zu beziffern, sind einkommens- oder vermögensbezogene Daten.

Der „Ressourcenansatz" geht auf Überlegungen der Weltbank zurück. Bei diesem Ansatz wird ein Vergleich des Einkommens im Weltmaßstab vorgenommen. Hiernach gilt als „absolut" bzw. „extrem" arm, wer weniger als einen US$ Einkommen[2] am Tag zur Verfügung hat (BMZ 2007). Das International Labour Office (ILO) veröffentlicht hierzu regelmäßig Zahlen. Zum Vergleich werden auch Daten mit einer Zwei-US$-Grenze bereitgestellt. Im Jahr 2005 verfügten weltweit etwa 520 Mio. Menschen über weniger als einen bzw. 1,4 Mrd. Menschen über weniger als zwei US$ Tageseinkommen (ILO 2006).[3]

Die Abbildung 1 fasst den Umfang der Armut (Zahl der Menschen je Region unterhalb der Ein- bzw. Zwei-US$-Grenze) sowie deren Anteil an der Bevölkerung je Region (prozentuale Angaben) in Entwicklungsregionen zusammen. Erkennbar ist im Zeitraum 1995 bis 2005 ein leichter Abwärtstrend der von Armut betroffenen Bevölkerungsanteile.

---

[2] Die Armutsgrenze ist ein allgemein anerkannter Konsenswert. Ein US$ wird zu den „... 1985 geltenden internationalen Preisen und der jeweiligen Landeswährung unter Verwendung von Kaufkraftparitäten (KKP) .." (Weltbank 2007, S. 362) angegeben. Seit 1993 werden zur Berechnung des Human Development Index die von der Weltbank ermittelten, am Konsum orientierten KKP-Schätzungen verwendet. Durch den Wechsel (bis dahin wurden die sog. „Penn World Tables" verwendet) hat ein US$ zu KKP-Preisen von 1985 einen Wert von 1,08 US$ (ebd.).

[3] Die Zahlen der ILO weichen deutlich von den Daten PRAHALADs ab. PRAHALAD zieht für seine ökonomische Pyramide jedoch eigene frühere Untersuchungen heran (PRAHALAD 2006, S. 22). Zu vermuten ist, dass er auch Menschen berücksichtigt, die von offiziellen Statistiken nicht erfasst werden.

Year	1995	2000	2005*	1995	2000	2005*
				share in total employment (%)	share in total employment (%)	share in total employment (%)
	(million)	(million)	(million)			
US$1 a day working poor						
World	627.4	582.0	520.1	25.7	22.1	18.3
Central and Eastern Europe (non-EU) and CIS	12.6	11.7	4.3	7.5	7.1	2.6
East Asia	174.8	150.3	104.0	24.7	20.2	13.4
South-East Asia and the Pacific	39.8	30.3	29.7	18.6	12.7	11.4
South Asia	252.9	224.2	202.3	55.1	44.3	35.8
Latin America and the Caribbean	23.5	27.0	28.0	12.5	12.9	11.8
Middle East and North Africa	2.6	3.5	3.5	3.1	3.5	2.9
Sub-Saharan Africa	121.1	134.9	148.3	57.8	57.4	56.3
US$2 a day working poor						
World	1'354.3	1'396.2	1'374.6	55.5	53.1	48.4
Central and Eastern Europe (non-EU) and CIS	53.8	57.6	21.1	32.0	35.0	12.5
East Asia	452.5	422.6	361.4	63.9	56.9	46.5
South-East Asia and the Pacific	143.6	147.8	150.0	67.2	62.1	57.6
South Asia	419.1	451.2	494.3	91.3	89.1	87.3
Latin America and the Caribbean	68.3	70.9	75.6	36.4	33.8	31.8
Middle East and North Africa	34.3	39.6	42.7	40.8	39.6	36.0
Sub-Saharan Africa	181.9	205.9	229.4	86.8	87.6	87.0

Abbildung 1: Armut und Arbeit (Quelle: ILO 2006)

Auffällig ist, dass der Anteil der Menschen, die mit weniger als einem US$ täglich leben müssen, im subsaharischen Afrika (56,3 Prozent) und in Süd-Asien (35,8 Prozent) besonders hoch ist. Der Anteil der Menschen, die mit weniger als zwei US$ am Tag auskommen müssen, liegt weltweit bei knapp 50 Prozent, wobei auch hier Länder in Afrika und Asien besonders betroffen sind. In Südasien liegt der Anteil bei 87,3 und im subsaharischen Afrika bei 87,0 Prozent (ebd.).

2.1.2 Der Lebenslagenansatz

Weiter gefasst werden kann der Begriff Armut nach dem „Lebenslagenansatz". Nach diesem werden umfassendere Kriterien berücksichtigt, wie etwa „... Bildungschancen, Lebensstandard, Selbstbestimmung, Rechtssicherheit, Einfluss auf politische Entscheidungen und vieles mehr." (BMZ 2007)

Die Weltbank informiert jährlich im Weltentwicklungsbericht (Human Development Report (HDR)) über den Stand des Entwicklungsprogramms der Vereinten Nationen (United Nations Development Programme (UNDP)). In diesen Veröffentlichungen werden umfangreiche Daten und Berichte zum weltweiten Stand der Armut zur Verfügung gestellt.

Eine Maßzahl zur Beurteilung der Lebenslagen in der Welt ist der Index der menschlichen Entwicklung (Human Development Index (HDI)). Dieser wird auf einer Skala von $\{0 \leq HDI \leq 1\}$ abgebildet. Der Index berücksichtigt neben dem jährlichen Pro-Kopf-

Einkommen in US$ (KKP) auch die Lebenserwartung und den Bildungsstand der Gesellschaft.

Im Jahr 2004 wurde für 177 Länder ein HDI ermittelt. Bei einem HDI ≥ 0,800 liegt ein hohes Entwicklungsniveau vor. Im Intervall {0,800 > HDI ≥ 0,500} wird von einem mittleren „human development" einer Gesellschaft und bei einem HDI < 0,500 von einem geringen Entwicklungsstand gesprochen. Deutschland erreichte einen Wert von HDI = 0,932 (Platz 21) und bspw. die USA einen Wert von HDI = 0,948 (Platz 8). Auffällig ist, dass die Länder des subsaharischen Afrika im Mittel einen Wert von nur HDI = 0,472 und die am wenigsten entwickelten Länder einen HDI = 0,464 erreichen. Das Schlusslicht Niger (Platz 177) erreicht einen Wert von nur noch HDI = 0,311 (UNDP 2006, S. 283-284).

Die Abbildung 2 zeigt die 25 Länder mit dem höchsten HDI (linke Seite). Im Vergleich dazu (rechte Seite) sind Mittelwerte verschiedener Regionen (Entwicklungsländer, Mittel- und Osteuropa einschl. CIS-Länder [Ukraine, Weißrussland]) und des OECD-Raumes abgebildet. Zusätzlich sind Mittelwerte innerhalb der Niveaus („levels") des Entwicklungsstandes („high, medium, low human development") bzw. innerhalb verschiedener Einkommensniveaus angegeben.

HDI rank [a]		Human development index (HDI) value 2004		Human development index (HDI) value 2004
HIGH HUMAN DEVELOPMENT				
1	Norway	0.965	Developing countries	0.679
2	Iceland	0.960	Least developed countries	0.464
3	Australia	0.957	Arab States	0.680
4	Ireland	0.956	East Asia and the Pacific	0.760
5	Sweden	0.951	Latin America and the Caribbean	0.795
6	Canada	0.950	South Asia	0.599
7	Japan	0.949	Sub-Saharan Africa	0.472
8	United States	0.948	Central and Eastern Europe and the CIS	0.802
9	Switzerland	0.947	OECD	0.923
10	Netherlands	0.947	High-income OECD	0.946
11	Finland	0.947	High human development	0.923
12	Luxembourg	0.945	Medium human development	0.701
13	Belgium	0.945	Low human development	0.427
14	Austria	0.944	High income	0.942
15	Denmark	0.943	Middle income	0.768
16	France	0.942	Low income	0.556
17	Italy	0.940	World	0.741
18	United Kingdom	0.940		
19	Spain	0.938		
20	New Zealand	0.936		
21	Germany	0.932		
22	Hong Kong, China (SAR)	0.927		
23	Israel	0.927		
24	Greece	0.921		
25	Singapore	0.916		

Abbildung 2: Human Development Index – HDI (Quelle: UNDP 2006)

Nachteilig an diesem Index ist, dass hier Durchschnittswerte innerhalb einer Region abgebildet werden. Der Index ist stark abhängig von den aus den UN-Ländern zur Verfügung gestellten Daten. In Entwicklungsländern werden Erhebungen nicht regelmäßig vorgenommen und teilweise geschätzt. Daher werden für die Veröffentlichung der Indizes die jeweils zuletzt bekannten Daten verwendet. Zudem sind Daten dieser Länder aufgrund praktischer Probleme während der Datenerhebungen (Zuverlässigkeit, Erhebungsmethoden) vorsichtig zu interpretieren. Die HDI-Variable „Einkommen" ist nicht für alle Länder tatsächlich das Einkommen. Teilweise wird sie aus Gründen des unzureichend zur Verfügung stehenden Datenmaterials mit Daten zum Verbrauch der Haushalte gleich gesetzt (Weltbank 2001, S. 373).

Ein weiterer Index zur Beurteilung der Lebenslage in armen Ländern ist der „Human Poverty Index" (HPI-1). Dieser berücksichtigt Daten, wie die Wahrscheinlichkeit, nicht älter als 40 Lebensjahre zu werden, die Analphabetenrate, die Trinkwasserverfügbarkeit oder die Unterernährung von Kindern (UNDP 2006, S. 292). Die Abbildung 3 zeigt einen Ausschnitt dieser Datentabelle für die Beispielländer Indonesien, Bangladesch und Indien.

	Human poverty Index (HPI-1)		Probability at birth of not surviving to age 40 [a, †] (% of cohort)	Adult illiteracy rate [b, †] (% ages 15 and older)	Population without sustainable access to an improved water source [†] (%)	MDG Children under weight for age [†] (% under age 5)	MDG Population below income poverty line (%)		National poverty line	HPI-1 rank minus income poverty rank [d]
HDI rank	Rank	Value (%)	2000–05	2004	2004	1996–2004 [c]	$1 a day 1990–2004 [c]	$2 a day 1990–2004 [c]	1990–2003 [c]	
108 Indonesia	41	18.5	11.2	9.6	23	28	7.5	52.4	27.1	9
137 Bangladesh	85	44.2	15.9	..[†]	26	48	36.0	82.8	49.8	5
126 India	55	31.3	16.6	39.0	14	47	34.7	79.9	28.6	–14

Abbildung 3: Human Poverty Index – HPI-1 (Quelle: UNDP 2006)

Zum Vergleich sind in den rechten Spalten die Ein- und Zwei-US$-Grenzen sowie die nationalen Armutsgrenzen abgebildet. Die „national poverty line" (NPL) gibt den prozentualen Anteil der Bevölkerung an, der unterhalb einer – durch den betreffenden Staat festgelegten – Armutsgrenze lebt. Sie soll landesspezifische Besonderheiten berücksichtigen, ist jedoch eine subjektive Grenze (UNDP 2006, S. 407). Bemerkenswert ist, dass die NPL in Indonesien und Bangladesch zwischen der Ein- und Zwei-US$-Grenze, in Indien sogar unterhalb beider Grenzen liegt. Menschen, die also aus Sicht der Weltbank als extrem arm gelten, sind dies nach nationalen Auffassungen nicht zwangsläufig.

2.1.3 Relative Armut

Es ist aus sozialer Sicht wenig sinnvoll, Armut anhand einer strikten Grenze von z. B. ein oder zwei US$ Tagesbudget bzw. Einkommen festzuschreiben. Denkbar wäre auch eine vier-US$-Grenze. Dass Menschen, die mit einem solch geringen Einkommen leben, zu den Ärmsten der Armen gehören, erschließt sich intuitiv.

Aus diesem Grund sollte eher ein Armutsbegriff zugrunde gelegt werden, der Armut relativ am Durchschnittseinkommen innerhalb einer Region misst. Für einen Ländervergleich ist es ratsam, Einkommen auf Basis der KKP zu betrachten. Die „relative Armut" bezieht sich auf die Verteilung des durchschnittlichen Pro-Kopf-Einkommens innerhalb einer Volkswirtschaft. Arm sind hiernach diejenigen, denen weniger als 10 oder 20 bis hin zu 50 Prozent des durchschnittlichen Pro-Kopf-Einkommens innerhalb eines Landes zur Verfügung stehen. Ein Maß für die relative Armut wäre dann bspw. die landesspezifische NPL.

Ein Index zur Beurteilung von relativer Armut ist der Gini-Index. Dieser gibt Aufschluss über die Konzentration bzw. die Verteilung des Pro-Kopf-Einkommens (oder – in Ermangelung der Daten – des Pro-Kopf-Verbrauchs) auf die reichsten bzw. ärmsten Bevölkerungsteile. Er gibt an, wie stark die Einkommensverteilung von einer statistisch perfekten (also gleichmäßigen) Verteilung (bei einem Gini-Index$_{min}$ = 0) abweicht. Bei einem Wert eines Gini-Index$_{max}$ = 100 wäre die Einkommens*ungleich*verteilung am extremsten (vgl. UNDP 2006, S. 406). Die Abbildung 4 veranschaulicht die Ergebnisse für die Beispielländer Indonesien, Bangladesch und Indien und erlaubt einen Vergleich mit Deutschland und den USA.

HDI rank	Survey year	MDG Share of income or expenditure (%)				Inequality measures		
		Poorest 10%	Poorest 20%	Richest 20%	Richest 10%	Richest 10% to poorest 10%[a]	Richest 20% to poorest 20%[a]	Gini index[b]
8 United States	2000[c]	1.9	5.4	45.8	29.9	15.9	8.4	40.8
21 Germany	2000[c]	3.2	8.5	36.9	22.1	6.9	4.3	28.3
108 Indonesia	2002[d]	3.6	8.4	43.3	28.5	7.8	5.2	34.3
126 India	1999–00[d]	3.9	8.9	43.3	28.5	7.3	4.9	32.5
137 Bangladesh	2000[d]	3.9	9.0	41.3	26.7	6.8	4.6	31.8

Abbildung 4: Gini-Index (Quelle: UNDP 2006, S. 335-337)

Die Einkommensverteilungen in den äußeren Dezilen der Beispielländer zeigen einen etwa ähnlichen Verlauf. In den USA, dem Land mit dem höchsten Bruttonationaleinkommen (BNE bei KKP), ist die Einkommensschere am größten. Die der Bundesrepublik erreicht einen Gini-Index noch unterhalb der drei Entwicklungsländer, erzielt aber nach den USA, China, Japan und Indien das fünfthöchste BNE bei KKP. Relativ nach dem Kriterium der Armut nach BNE bei KKP gesehen, wäre z. B. Indien reicher als die Bundesrepublik. Das Entwicklungsland Indien erwirtschaftet ein höheres BNE bei KKP. [4]

Relativ nach dem Kriterium BNE bei KKP pro Kopf[5], erzielt Deutschland mit 29.210 Mrd. US$ gegenüber Indien mit 3.460 US$ einen 8,4-fachen Wert (Indonesien: 7,8-fach; Bangladesch: 14-fach). Aus dieser Sicht sind die Entwicklungsländer tatsächlich ärmer, weil pro Kopf weniger Einkommen zur Verfügung steht.

2.1.4 Armut nach dem Menschenrechtsansatz

Es gibt neben den beschriebenen Möglichkeiten, Armut zu definieren auch Ansätze, die auf die UN-Menschenrechtscharta („human rights approach") zurückzuführen sind. Nach der Auffassung des Office of the United Nations High Commissioner for Human Rights in Genf kann Armut definiert werden als: "...a human condition characterized by sustained or chronic deprivation of the resources, capabilities, choices, security and power necessary for the enjoyment of an adequate standard of living and other civil, cultural, economic, political and social rights." (OHCHR 2007). Nach diesem Ansatz wird Armut sehr viel politischer, gesellschaftskritischer und damit über rein ökonomische Aspekte hinaus definiert und auch darin gesehen, dass die Verletzung von Menschenrechten ebenfalls Armut bedeutet.

Es ist festzuhalten, dass Armutsdefinitionen über eine allein einkommensabhängige Begrifflichkeit hinaus gehen können, aber die Einkommenssituation eines Haushaltes ist (wie im späteren Verlauf noch gezeigt wird) die stärkste Determinante, denn sie wirkt in alle anderen Lebensbereiche hinein und findet bei allen Indizes Berücksichtigung.

Analphabetismus ist bspw. eine Variable des HDI und des HPI-1. Bei genauerer Betrachtung ist erkennbar, dass der Mangel an Bildungspartizipation letztlich durch Einkommensarmut induziert bzw. begünstigt wird. Für die Verwirklichung der politischen Zielsetzung der Bekämpfung der Weltarmut und für die Entwicklung von Handlungsprogrammen ist der Rückgriff auf das weitere Begriffsverständnis von Armut sinnvoll. Diese Herangehensweise ist für das Mikrofinanz- und -versicherungswesen jedoch nur schwer operationalisierbar und es ist zu empfehlen, Armut eher am Einkommenskriterium zu orientieren und daraus ableitend Zielgruppen für Mikrofinanz- und versicherungsprodukte zu definieren.

---

[4] BNE bei KKP im Jahr 2005 in Mrd. US$: USA: 12.438; China: 8.610; Japan: 4.019; Indien: 3.787; Deutschland: 2.409; Indonesien: 820; Bangladesch: 296 (Datenquelle: Weltbank 2007, S. 348f)

[5] BNE bei KKP pro Kopf in US$: USA: 41.950; Japan: 31.410; Deutschland: 29.210; China: 6.600; Indonesien: 3.720; Indien: 3.460; Bangladesh: 2.090 (ebd.)

2.1.5 Kriterien für eine Zielgruppenbestimmung aus Sicht der Mikroversicherer

Grundsätzlich sollen Mikroversicherungsprodukte für Menschen entwickelt werden, die von kommerziellen und sozialen Sicherungs- und/oder Versicherungssystemen nicht erfasst werden bzw. die keinen Zugang zu geeigneten Produkten erhalten. Im Allgemeinen erfüllen diese Kunden folgende Kriterien (nach: CHURCHILL 2006, S. 13). Es sind Menschen, die

- zumeist in der informellen Ökonomie arbeiten,

- in der Regel von staatlichen Sicherungssystemen nicht erfasst werden bzw.

- weniger als einen oder zwei US$ Einkommen am Tag zur Verfügung haben.

Für ein mögliches Versicherungsprodukt, das in einem Entwicklungsland installiert werden soll, muss man die landesspezifischen Armutsverhältnisse beachten. Allgemein muss eine Grenze zwischen Armen und Nicht-Armen identifiziert werden. SEBSTAD und COHEN (2000) unterscheiden fünf Gruppen und setzen eine Armutsgrenze.

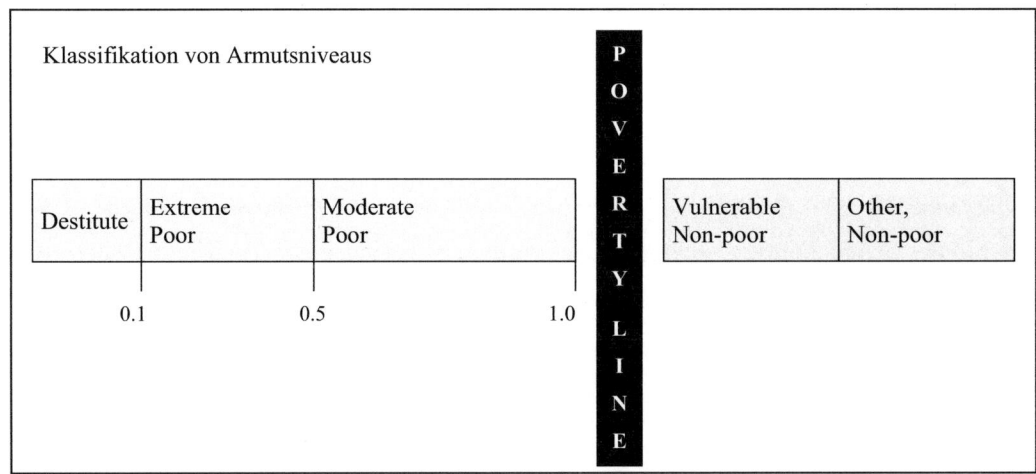

Abbildung 5: Klassifikation von Armutsniveaus (nach: SEBSTAD/COHEN 2000, S. 5)

Die „anderen, Nicht-Armen" (other, non-poor) sind für spezifische Mikroversicherungsprodukte nicht relevant, weil sie auf traditionellen Märkten versorgt werden können. Die „verletzbar Nicht-Armen" (vulnerable non-poor) leben auf einem Niveau knapp oberhalb der Armutsgrenze. Sie sind stark gefährdet, unter die Grenze zu fallen. Sie wären potenziell interessant für Mikroprodukte, jedoch ist davon auszugehen, dass sich diese zusammen mit den other, non-poor auf regulären Märkten versorgen können, was also nicht bedeutet, dass diese beiden Gruppen für Versicherer gänzlich uninteressant sind.

Die „mäßig Armen" (moderate poor) befinden sich im Intervall unterhalb der poverty line bis oberhalb des 0,5-Perzentiles der Armen. Die „extrem Armen" (extreme poor) befinden sich innerhalb des 0,1- bis 0,5-Perzentiles unterhalb der Armutsgrenze und die „Mittellosen" (destitute) unterhalb des 0,1-Perzentiles. Die größte Zahl der Armen lebt auf dem Niveau „moderate poor" und ist damit die Hauptzielgruppe für Mikroversicherungen (SEBSTAD/COHEN 2000, S. 4).

Allerdings muss auch hier angemerkt werden, dass in der Literatur verschiedene poverty lines angenommen werden und die Anzahl der „moderate poor" unterschiedlich ausgewiesen wird. Teilweise wird die international allgemein anerkannte Ein-US$-Grenze angenommen (z. B. in Indien) oder eine NPL (z. B. in Indonesien mit NPL = 39 US$) (vgl. SEBSTAD/COHEN 2000, Anh. A). In Bangladesch bspw. wird darauf hingewiesen, dass über 80 Prozent der Bevölkerung unterhalb der Zwei-US$-Grenze leben (vgl. Abb. 3). Je nachdem, welche Institution Daten veröffentlicht, werden unterschiedliche Grenzen festgelegt.

Für den Mikroversicherer ist es eine bedeutsame Information, das Preisniveau auf dem BOP-Markt zu kennen. Er muss letztlich Prämien unter der Bedingung der Bezahlbarkeit anbieten. Zudem werden Versicherungen zumeist regional begrenzt bzw. nur innerhalb eines Landes angeboten. Daher ist eine relative Armutsgrenze innerhalb eines Landes ein geeignetes Maß.

Für eine Zielgruppenbestimmung wären also zwei Armutsgrenzen zu präferieren: Die absolute Zwei-US$-Armutsgrenze sowie die NPL. Mindestens eine der Grenzen sollte zutreffen. Dann ist zu erwarten, dass die Zielgruppe den o. g. Kriterien entspricht.

2.2 Risikoverletzbarkeit und Risikobewältigungsstrategien Armer

2.2.1 Risiken

Im Bereich der Armutsforschung wird Risiko definiert als „a chance of a loss *or* a loss itself" (SEBSTAD/COHEN 2000, S. 33; CHURCHILL 2006, S. 26; DUNN/KALAITZANDONAKES/VALDI-VIA 1996). Ökonomisch kann der Begriff als die „Wahrscheinlichkeitsverteilung der möglichen Konsequenzen [eines zufälligen Ereignisses]" (ZWEIFEL/EISEN 2003, S. 34) bezeichnet werden. Die Versicherungswissenschaft befasst sich primär mit den Eintrittswahrscheinlichkeiten negativer, monetär bewertbarer Konsequenzen von zufälligen Ereignissen (vgl. ebd.), sog. Schadensereignissen. Der Risikobegriff wird hier als „Wahrscheinlichkeitsverteilung von Schäden, kurz als Schadenverteilung" (Farny 2000, S. 30) enger gefasst.

Aus versicherungswissenschaftlicher Perspektive lässt das Kapital eines Menschen abstrahieren. Man kann sagen, dass es sich dabei um Potenziale handelt, den eigenen Lebenszustand oder –standard zu erhalten oder weiter zu entwickeln. Gleichsam sind diese Potenziale aber auch Risiken ausgesetzt. Sie sind verletzlich und es besteht eine individuelle Wahrscheinlichkeit des Eintrittes eines Schadensereignisses.

Dieses Kapital lässt sich in drei Gruppen bzw. assets (Aktiva) unterteilen: das Gesundheits-, das Fähigkeits- und das Finanzkapital (FARNY 2000, S. 33). Es gibt auch andere Ausdifferenzierungen. Nach diesen werden neben den (i) finanziellen auch (ii) physische (Wohnstätte, Land, liquidierbarer Besitz etc.), (iii) menschliche (Fertigkeiten, Wissen, Arbeitsfähigkeit, Gesundheit etc.) und (iv) soziale Aktiva (Netzwerke, Gruppenzughörigkeit etc.) unterschieden (SEBSTAD/COHEN 2000, S. 12, WELTBANK 2001, S. 34). Schadensereignisse bewirken – im Falle nicht vorhandener Ausgleichsmöglichkeiten – den Verlust oder die Verringerung eines oder mehrerer assets.

Arme Menschen tragen ein besonders hohes Risiko bei Verlusten. Sie haben nur geringe Möglichkeiten, Schäden durch einen Tausch von Aktiva auszugleichen, weil sie kaum oder nicht über Kapitalressourcen verfügen. Einen Einkommensverlust durch bspw. Arbeitsunfähigkeit infolge einer Krankheit oder etwa Verluste infolge einer Katastrophe (Naturereignis, Brand etc.) o. ä., können arme Menschen in der Regel nur durch den Verbrauch von Barreserven oder den Verkauf von meist nur geringwertigen Sachgütern ausgleichen. Dies ist eine häufige und teils die einzig mögliche Strategie Schäden zu bewältigen. Im Falle nicht vorhandener Reserven bleibt oft nur der Ausweg der Verschuldung. Im günstigsten Fall besteht die Möglichkeit der kurzfristigen Geldleihe im Familien- oder Bekanntenkreis, im ungünstigsten Fall müssen finanzielle Mittel bei einem Geldverleiher („moneylender") zu extrem hohen Zinsen beschafft werden.[6] In jedem Falle aber verschlechtert sich die Lebenssituation armer Menschen beim Eintritt eines Schadens erheblich, da auch zukünftig erwartete Einkommen kaum ausreichen, Kredite zurück zu zahlen. Es besteht die Gefahr, sich immer weiter von der NPL zu entfernen.

2.2.2 Risikoverletzbarkeit: Die Armutsfalle

Im Zeitverlauf kann sich die Lebenssituation für einen armen Haushalt dramatisch entwickeln. Er verfügt nach Eintritt eines Schadens über ein noch geringeres Vermögen als zuvor. Ein zweites Schadensereignis ist nun möglicherweise nicht mehr oder zumindest noch schwerer zu bewältigen, weil kaum noch Aktiva zum Ausgleich vorhanden sein dürften oder

---

[6] PRAHALAD (2006, S. 31) identifiziert Zinssätze von 600 bis 1.000 Prozent p.a. Ähnliches zeigt eine Feldstudie aus Indonesien. Geldverleiher verlangen zwischen 15 und 20 Prozent Zins monatlich (ALLIANZ AG, GTZ, UNDP 2006, S. 35).

der Haushalt bereits überschuldet ist. Das bedeutet, der geschädigte Haushalt gerät potenziell in eine lebensbedrohliche Situation. Somit birgt der erste eingetretene primäre Schaden ein sekundäres bzw. Folgerisiko. Der Haushalt ist noch verletzbarer als er es vor dem ersten Schaden ohnehin schon war.

Vermögende bzw. einkommensstärkere, nicht-arme Haushalte haben die Möglichkeit, sich gegen Risiken abzusichern. Sie können dabei verschiedene Strategien des Risikomanagements verfolgen, z. B. Rücklagen bilden, erdbebensichere Wohnstätten bauen, die Trinkwasserversorgung gewährleisten, Versicherungsschutz erwerben etc. Arme partizipieren an solchen Sicherungssystemen nur teilweise bis gar nicht. Bei ihnen bedeuten Schadensereignisse in der Regel eine Einschränkung des Konsums lebensnotwendiger Güter. Sie leben in einem ausweglosen Dilemma, weil sie alle Anstrengungen zur Lebenserhaltung einsetzen müssen und kein Vermögen bilden können, sondern das Einkommen zum Zwecke der Überlebenssicherung sofort verbraucht wird.

Sinkt nach einem Schadensereignis das Konsumniveau ab, geht dies letztlich zu Lasten des Humankapitals. Durch Ernährungsmangel werden die Gesundheit und damit die Arbeitskraft gefährdet. Auf Bildung muss verzichtet werden, weil diese zu teuer ist und die Arbeitskraft zur Einkommenserwirtschaftung benötigt wird. Die einzige Perspektive für diese Menschen ist extreme Armut oder völlige Mittellosigkeit. Dieses Phänomen wird auch als „Teufelkreislauf der Armut" oder „Armutsfalle" bezeichnet (vgl. NUSCHELER 2006, S. 194). Am BOP spricht man von einer besonderen Risikoverletzbarkeit („risk vulnerability", vgl. SEBSTAD/COHEN 2000, S. 21).

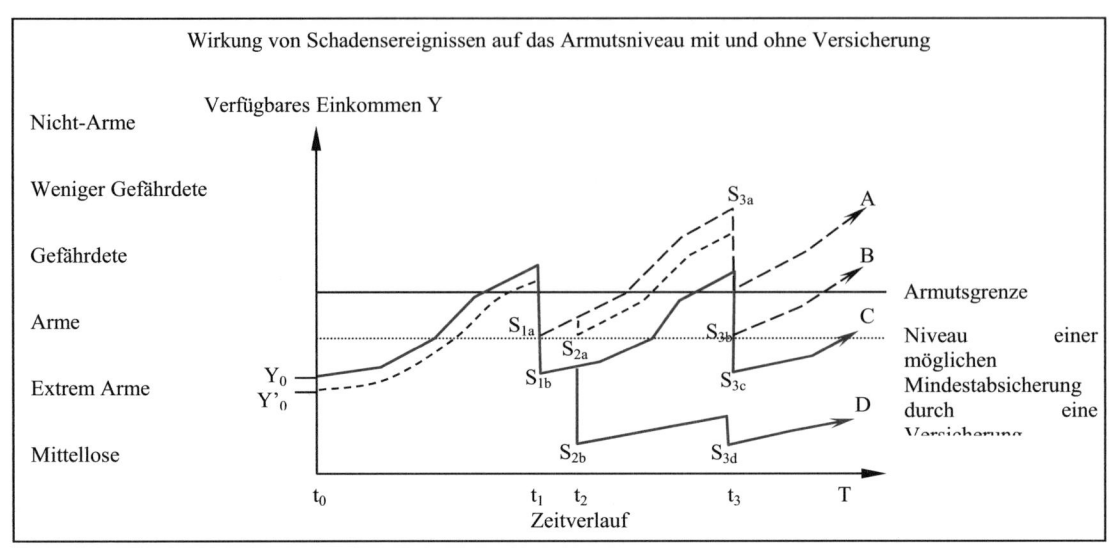

Abbildung 6: Wirkung von Schadensereignissen auf arme Haushalte (eigene Entwicklung nach Anregung von SEBSTAD/COHEN in: CHURCHILL 2006, S. 25)

Die Abbildung 6 veranschaulicht die Wirkung der Risikoverletzbarkeit im Falle von zwei bzw. drei Schadensereignissen. Die Graphenverläufe deuten das Armutsniveau einer fiktiven Population (Individuum oder Haushalt) im Zeitverlauf an, wobei dieses Niveau anhand des Indikators Einkommen (Y) dargestellt wird, da bezogen auf die potenzielle Zielgruppe nicht von vorhandenem Vermögen ausgegangen werden kann. Die durchgezogenen Graphen bilden eine mögliche Entwicklung ohne Versicherung ab, die gestrichelten Graphen eine mögliche Entwicklung mit Versicherung. Das Einkommen Y' ist das Einkommensniveau mit Versicherung zu Beginn des Betrachtungszeitraumes. Bei Zahlung einer Prämie P gilt die Beziehung $Y' = Y - P$, denn die Zahlung einer Versicherungsprämie bedeutet zunächst eine Einkommensminderung.

Unterstellt wird, dass ein armer Haushalt zum Zeitpunkt t_0 eine Möglichkeit – bspw. durch einen Mikrokredit – erhalten oder eine andere Gelegenheit zur Verbesserung seines Lebensniveaus hat, in eine einkommensverbessernde Maßnahme zu investieren. Dieser Annahme geht die Überlegung voraus, dass davon ausgegangen werden kann, dass arme Haushalte bestrebt sind, die Armutsgrenze zu durchbrechen. Dieses Bestreben veranschaulicht der positive Anstieg der Graphen in dem abgebildeten Zeitintervall $\{t_0 \dots T\}$. Die Renditen der Investitionen seien positiv.

Parallel zur Abszisse verläuft die Armutsgrenze (durchgezogene Linie) und unterhalb dieser ist ein fiktiv gewähltes Niveau einer Minimalabsicherung (gepunktete Linie) eingetragen, unter das im Schadensfall durch eine vorhandene Versicherung nicht gesunken werden kann.

Dieses Niveau muss in jedem Falle oberhalb des Y_0-Niveaus liegen. Läge das Niveau darunter, gäbe es für einen potenziellen Versicherten keinen Anreiz für einen Versicherungsschutz. Auch bei einem gleichen Niveau ist anzuzweifeln, dass ein Versicherungsschutz gewählt wird.

Es kann davon ausgegangen werden, dass für BOP-Kunden eine Absicherung, die sie zwar nicht unter, aber eben auch auf das Niveau Y_0 zurückfallen lassen kann, ebenfalls keinen oder nur einen geringen Anreiz bieten würde, eine Versicherungsdienstleistung in Anspruch nehmen zu wollen. Andersherum formuliert: Ein BOP-Kunde wäre eher geneigt, eine Versicherung als Form des Risikomanagements zu wählen, wenn er im Schadensfall auf jeden Fall besser gestellt wäre, als vorher. Die Gründe für diese durchaus nachvollziehbare Neigung sind in der Budgetsituation aber vor allem auch in Vertrauensfragen gegenüber dem Produkt zu suchen. In hochentwickelten Volkswirtschaften ist die Funktionsweise einer Versicherung bekannt. Auf BOP-Märkten wird es notwendig sein, potenzielle Kunden von der Glaubwürdigkeit eines Versicherungsproduktes zu überzeugen. Es ist denkbar, dass die Vorbehalte gegenüber dem Produkt so hoch sind, dass potenzielle Kunden den – wenn auch marginalen – zu erwarteten Einkommensverlust durch Zahlung einer Versicherungsprämie subjektiv höher *negativ* bewerten als die Vorteile, die sich aus einem Versicherungsschutz für das Risikomanagement ergeben, *positiv* einzuschätzen.

In den Zeitpunkten $t_{1>0}$ treten nun Schadensereignisse S_i ein. Nach einem Schadensereignis S_i kann bspw. ein Folgekredit aufgenommen werden. Die Höhe der Schäden S_i sei gleich groß. Die Situationen A, B, C, D in der Abbildung 6 beschreiben die Zustände, bezogen auf die Einkommenssituation am Ende der Betrachtung.

Es werden zwei Fallvarianten unterschieden. Zunächst (Fall 1) wird angenommen, dass auf S_1 in einigem zeitlichen Abstand das Ereignis S_3 folgt und dass es gelingt, im Zeitraum $\{t_1 \ldots t_3\}$ den entstandenen Schaden zu kompensieren. Als Fallvariante (Fall 2) wird die Wirkung zweier kurz aufeinander folgender Schadensereignisse (S_2 folgt S_1 vor vollständiger Schadensbeseitigung) gezeigt.

Zeitpunkt/ Zeitverlauf	Ereignis	Beschreibung / Kommentar
Fall 1: S_1 und S_3 treten ein, S_2 tritt nicht ein		
t_0		Es wird investiert. Das verfügbare Einkommen des Haushaltes mit Versicherung senkt sich um P auf das Niveau Y'. Der Haushalt ohne Versicherung hat zu Beginn das Einkommen Y zur Verfügung. Es geht ihm bis zum Ereignis S_1 besser.
$t_0 \dots t_1$		Die Investition hat die Armutssituation mit und ohne Versicherung deutlich verbessert. Die verfügbaren Einkommen steigen. Der Haushalt ohne Versicherung ist jedoch stärker risikoanfällig (vulnerabel) als der Haushalt mit Versicherung.
t_1	S_1	Ein Schaden tritt ein. Die Folge ist der Verlust oder die Beschädigung des Investitionsgutes und/oder bspw. fertiger Produkte.
t_1	S_{1a}	Es lag eine Versicherung vor. Der Haushalt fällt auf das Minimalniveau zurück. Dessen Situation ist ab diesem Zeitpunkt nachhaltig besser als die des unversicherten Haushaltes. Es steht trotz Prämienaufwand mehr Einkommen zur Verfügung.
t_1	S_{1b}	Es lag keine Versicherung vor. Der Haushalt fällt in extreme Armut zurück.
$t_1 \dots t_3$	S_2 tritt nicht ein	Es wird erneut investiert (Wiederaufbauhilfe oder neuer Mikrokredit). In t_3 geht es dem versicherten Haushalt besser als dem unversicherten. Er ist weiter von der Armutsgrenze entfernt als der unversicherte Haushalt.
t_3	S_3	Ein zweiter Schadensfall tritt ein.
t_3	S_{3a}	Der Haushalt mit Versicherung fällt zwar zurück, es geht ihm aber wesentlich besser mit einer Versicherung. Er fällt auf ein Niveau über der Minimalabsicherung zurück. Er hat die Armutsgrenze nachhaltig durchbrochen. Er erreicht in T den Zustand (A)
t_3	S_{3b}	Der in t_1 unversicherte Haushalt hat nach dem Ereignis S_1 erneut investiert und eine Versicherung eingedeckt. Er fällt nicht mehr in Extremarmut zurück und hat nun bessere Chancen, aus der Armutsfalle auszubrechen. Er erreicht in T den Endzustand (B).
t_3	S_{3c}	Der Haushalt, der gerade erst kürzlich die Armutsgrenze durchbrochen hat, wird wieder in den Zustand der Extremarmut zurück versetzt. Er hat keine Versicherung. Er erreicht in T den Endzustand (C).
Fallvariation: Zwei schnell aufeinanderfolgende Schadensereignisse: S_2 tritt in t_2 zusätzlich ein		
t_2	S_{2a}	Der Haushalt mit Versicherung hat nach S_1 gerade erst eine Entschädigungszahlung erhalten. Er fällt geringfügig zurück. Er verliert zwar Zeit, aber fällt auch im Falle zweier schnell aufeinanderfolgender Schadensereignisse nicht in Extremarmut zurück. Er wird in T einen Endzustand etwa unterhalb des Bereiches (A) aber über dem Niveau (B) erreichen.
t_2	S_{2b}	Am stärksten betroffen sind Haushalte, die gerade erst ein Schadensereignis durchlebt haben. Sie können unter Umständen alles verlieren und nachhaltig zu der Gruppe der Mittellosen gehören. Sie erreichen einen Endzustand (D).

Tabelle 2: Auswirkungen von Schadensereignissen auf arme Haushalte mit und ohne Versicherung

Die Tabelle 2 beschreibt, welche Auswirkungen Schadensereignisse auf arme Haushalte haben können. Ein konkretes Schadensereignis ist hier nicht benannt worden. Unterstellt wird aber, dass es sich primär um einen Sachschaden (Verlust oder Beschädigung eines Investitionsgutes) handelt. Die beschriebene Wirkungsweise kann aber auch auf andere Ereignisse, die z. B. biometrische Risiken betreffen, übertragen werden. Im Falle einer Krankheit ohne soziale Absicherung ist die Einkommenssituation des Haushaltes ebenfalls stark gefährdet. Analoges gilt für Todes- oder Erwerbsunfähigkeitsfälle oder ähnliches.

Der Verlauf der Graphen – hin zu den Zuständen (C) und (D) – veranschaulicht die „Armuts-falle". Verfügt ein Haushalt nur eingeschränkt über Möglichkeiten des Risikomanagements ex ante, ist er besonders verletzbar. Es besteht nahezu keine Chance, der Armut zu entkommen.

2.2.3 Strategien des Risikomanagements in armen Haushalten

Arme Haushalte haben zwar keinen Zugang zu Versicherungsdienstleistungen. Das heißt aber nicht, dass sie kein Risikomanagement betreiben würden, um Schäden zu vermeiden. Risiko-management umfasst nach ZWEIFEL/EISEN (2003, S. 47) zwei Bereiche: ursachenbezogene (ätiologische) und schadenbezogene (palliative) Maßnahmen.

Ätiologische Maßnahmen ex ante

Die *Risikomeidung* ist eine Form des Risikomanagements. Es ist die Entscheidung, eine Handlung zu unterlassen bzw. diese hinauszuzögern, z. B. die Nichterrichtung einer Wohnstätte in einem Überschwemmungsgebiet oder das Hinauszögern einer Investition. Gründe hierfür können in der Risikoaversität und/oder in der Unvollkommenheit von Infor-mationen liegen (Wunsch nach einer sichereren Alternative und Meidung eines nicht ab-schätzbaren Risikos, vgl. ZWEIFEL/EISEN 2003, S. 47).

Ein Versicherer wird von der Risikomeidungshaltung potenziell zu Versichernder wenig erfahren. Es kann aber davon ausgegangen werden, dass arme Haushalte stark bemüht sind, Risiken zu meiden, weil infolge des Mangels an Kapital kaum Alternativen zur Verfügung stehen. Aus Sicht eines Versicherers, der um die Akquisition von Kunden bemüht ist, ist es sinnvoll, Aufklärungsarbeit über die Prinzipien einer Versicherung zu leisten. Ist dem Risikomeidenden die Option der Versicherung und deren Leistung bekannt, wird er eine Investition in eine einkommensverbessernde Maßnahme aber möglicherweise durchführen, vor allem dann, wenn er nicht unter das Ursprungsniveau fallen kann (vgl. Abb. 6).

Risikoprävention liegt vor, wenn aktiv Maßnahmen zur Vermeidung des Eintrittes von Schäden ergriffen werden. Es ist z. B. für einen Krankenversicherer bedeutsam, ob es in einer Region eine funktionierende Trinkwasserversorgung gibt oder für einen Lebensversicherer, inwiefern die Bevölkerung aufgeklärt ist und sich bspw. vor HIV/AIDS schützt (vgl. ZWEIFEL/EISEN 2003, S. 47).

Wenn ein Versicherer einen Markteintritt plant, ist es wichtig zu wissen, inwieweit Präventi-onsstrategien vorhanden sind oder durch Aufklärung installiert werden können. So kann bspw. für einen Krankenversicherer eine Marktinvestition in die Trinkwasserversorgung sinnvoll sein, wenn bekannt ist, dass die Hauptursachen für Krankheiten im verunreinigten

Trinkwasser zu finden sind. Allgemein formuliert: Je wirksamer in Armutsländern Risikoprävention für arme Haushalte betrieben wird, desto versicherbarer sind Risiken. Ein zu versicherndes Risiko zu bezahlbaren Prämien („affordable premiums") erfordert ein hohes Maß an Präventivstrategien.

Palliative Maßnahmen ex ante

Zu den palliativen Maßnahmen zählen (vgl. ZWEIFEL/EISEN 2003, S. 47):

- die *Risikoübernahme* (in der Regel durch asset management, da ein drohender Schaden aus einem Aktivtausch finanziert werden kann, aber auch durch die Bereitschaft, sich im Schadensfall zu verschulden),

- die *Risikominderung* (individuelle Maßnahmen zur Schadensminderung wie bspw. das Umzäunen eines Feldes, um Tiere abzuhalten, die die Ernte fressen),

- die *Risikoteilung* (z. B. die Gruppenbürgschaft für einen Kredit) und

- der *Risikotransfer* (z. B. durch Eindecken einer Versicherung).

Eine *Risikoübernahme* wird in der Regel weder für einen Versicherer noch für einen Risiko-Übernehmenden interessant sein. Es kann davon ausgegangen werden, dass vor Übernahme des Risikos quasi-vollkommene Informationen zur Verfügung stehen. Der Risikoträger wird nicht bereit sein, eine zusätzliche Versicherungsprämie zur Absicherung des Risikos aufzubringen, es sei denn, er erzielt einen zusätzlichen Nutzen.

Im Falle von *Risikominderung* kann der Versicherer eher davon ausgehen, dass ein potenzielles Interesse an einem Versicherungsschutz besteht, da ein Restrisiko nicht ausgeschlossen werden kann. Aber der Versicherungsnehmer trägt zur Minderung des Risikos bei.

„Unter Risikominderung (engl. self-insurance ...) fasst man alle Maßnahmen, die der Schadensherabsetzung dienen ...," (ZWEIFEL/EISEN 2003, S. 48). In der Armutsforschung erhält der Begriff der Selbstversicherung jedoch eine differenziertere Bedeutung. Arme verfügen in der Regel nicht über die *Option* eines Risikoausschlusses bzw. dessen Vernichtung oder des Transfers an Dritte. Sie tragen viele Risiken unfreiwillig selbst und haben in nur begrenztem Maße Möglichkeiten der Teilung. Sie sind in der Situation, auch kleine Einzelrisiken übernehmen zu müssen und damit zur Selbstversicherung auch für elementare Risiken gezwungen. In diesem Sinne kann man bei Armen im Falle der Selbstversicherung, von der häufigsten Bewältigungsstrategie ex post sprechen.

Formen der *Risikoteilung* sind in armen Haushalten sehr häufig zu beobachten. Zumeist basieren sie auf zum Teil informellen Zusammenschlüssen von Zugehörigen einer Region, gesellschaftlichen oder ethnischen Gruppe oder Religion. Sie können monetär ausgerichtet sein (Ein- und Auszahlungssysteme) oder aber aus Hilfe auf Gegenseitigkeit bestehen.

Es existieren in der Dritten Welt bspw. Formen der Todesfallbeihilfe, die von Wohlfahrts- oder ähnlichen Organisationen angeboten werden. Teilweise gibt es verbriefte Urkunden zu Mitgliedschafts- und Zahlungsbedingungen sowie einen festgelegten Leistungsumfang. Diese Formen des Teilens von Risiken sind jedoch begrenzt. Sie beinhalten Elemente der Versicherung, sind aber selbst sehr vulnerabel. Bei vielen Sterbefällen in kurzer Zeit können die finanziellen Reserven einer solchen Organisation schnell aufgebraucht sein. Formen einer Rückversicherung oder von Kapitalreserven sind in der Regel nicht oder nur begrenzt vorhanden. Zudem gibt aber auch Arme, die auf Grund mangelnder Zahlungsfähigkeit (extreme Armut) oder subjektiver Kriterien (soziale Feindseligkeiten) ausgeschlossen werden. Sie partizipieren nicht an derartigen Systemen (vgl. CHURCHILL 2006, S. 34).

Die bisherige Betrachtung der ätiologischen und palliativen ex-ante-Strategien zeigt, dass am BOP-Markt ein Bedarf an *Risikotransfer* besteht. Nicht selten wird ein Risiko gemieden, weil schlicht die Möglichkeit einer vollständigen oder teilweisen Übertragung von Risiken an Dritte (Versicherer) nicht bekannt oder nicht vorhanden ist.

Gründe dafür sind z. B., dass eine Versicherungsprämie zunächst die Senkung von Einkommen bewirkt. Ausgaben für einen potenziell zukünftigen Nutzen (Schadenersatzleistungen) werden aufgrund der Lebenssituation eher vermieden, weil die Ausgabe selbst als ein Risiko empfunden wird. Bestimmte Risiken werden nicht als Risiken wahrgenommen (subjektbedingte Selektion), weil bspw. die Informationen zum potenziellen Risiko fehlen (z. B. dass eine genutzte Wasserquelle giftige Substanzen enthalten könnte).

Die Tabelle 3 zeigt übliche Strategien Armer zur Bewältigung von Risiken.

Risikobewältigungsstrategien armer Haushalte			
Strategie	**Todesfallrisiko**	**Krankheitsrisiko**	**Risiko des Besitz- bzw. Eigentumsverlustes**
Selbstversicherung	· Finanzdienstleistungen · Geldverleiher	· Finanzdienstleistungen · Einkommen · Familie/Freunde · Verkauf/Pfandleihe von Besitz · Geldverleiher · Konsumeinschränkung	· Finanzdienstleistungen · Einkommen · Verkauf von Besitz · Vorsorge
Informelle Organisationen	· Wohlfahrtsorganisationen (Sterbe- bzw. Beerdigungskostenbeihilfe) · ROSCAs (Rural Accumulating Savings and Credit Associations)	· Wohlfahrtsorganisationen · Geldleihe von Kirchenorganisationen · Spendenaktionen	· Wohlfahrtsorganisationen · „Wachschutz"-Gruppen bzw. Vereinigungen
Formelle Versicherungen	· Partnerschaften von MFIs und MIs	· Partnerschaften von MFIs und MIs · Private Krankenversicherungen	· Partnerschaften von MFIs und MIs · Sachversicherungen
Soziale Sicherung		· Gesundheitsservice · Ausgleichsleistung bei Arbeits- bzw. Erwerbsunfähigkeit	· Polizei

Tabelle 3: Risikobewältigungsstrategien armer Haushalte (Quelle: eigene Übersetzung nach: Churchill 2006, S. 32)

2.2.4 Versicherbare Risiken

Für einen Versicherer im BOP-Markt ist es bedeutsam zu ermitteln, bei welchen Risiken die Armen einer Zielpopulation einen besonderen Bedarf an Risikotransfer haben. Aus aktuarischen Gründen zur Bestimmung des Risikos allgemein ist es sinnvoll, kovariante und idiosynkratische Risiken zu unterscheiden (vgl. WELTBANK 2001, S. 136). Zudem ist es notwendig, die vorhandenen Strategien zur Bewältigung der Betroffenen im Schadensfall zu kennen.

Risiken auf einer Mikroebene („micro shocks") betreffen häufig das Individuum allein. Sie sind *idiosynkratisch* (ebd.). Darunter fallen Ereignisse, die nur für einen betroffenen Haushalt spezifisch sind („life cycle risks"). Das können z. B. nicht infektiöse Krankheiten, Verletzungen, der Unfall- oder natürliche Tod oder das Altern oder auch der Diebstahl oder Defekt eines Arbeitsgerätes sein. Entscheidendes Kriterium ist, dass das Risiko nicht oder in nur geringem Maße mit dem Risiko anderer Personen oder Personengruppen oder Ereignissen zusammenhängt. Jedes Individuum hat ceteris paribus das gleiche Risiko, sich mit einem Messer beim Brotschneiden zu verletzen.

Kovariant hingegen sind Risiken, wenn sie mehrere Individuen gleichermaßen betreffen (ebd.). Dieses sind in der Regel Ereignisse auf der Meso- oder Makroebene („meso or macro shocks"). Schadensereignisse wirken in der Regel auf eine Gruppe von Haushalten. Dieses können infektiöse Krankheiten, ökologische, politische oder ökonomische Ereignisse oder Krisen sein. In einer Studie in Indonesien, die der Entwicklung der „Payung Keluarga" Versicherung voran ging (vgl. Kap. 1.4), wurden bspw. Risiken identifiziert, die für die Zielregion spezifisch sind. Es wurden MFI-Kunden befragt, welche Risiken aus ihrer Sicht als besonders hoch einzuschätzen wären. Im Anschluss wurden die identifizierten Risiken auf Versicherbarkeit durch einen kommerziellen Versicherer geprüft (vgl. ALLIANZ, GTZ, UNDP 2006).

Zu bedenken ist, dass die Befragten in der Untersuchung ausschließlich MFI-Kunden waren und die Zahl der Probanden relativ klein war. Aber im Zusammenhang mit der allgemeinen Situation der Armen hat das Ergebnis der Studie durchaus Evidenz. Die identifizierten Hauptrisiken der Studie sind in Tabelle 4 abgebildet.

Rang	Risiko	Rang	Risiko
1	Schwere Krankheit/ Kranken-hausaufenthalt	12	Rückzahlung von Schulden
2	Ausbildung der Kinder	13	Bau/Instandsetzung des Hauses
3	Missernte	14	Flut/Regen
4	Tod eines Familienangehörigen	15	Nicht-Rückzahlungsfähigkeit eines Darlehens
5	Soziale (staatliche) Auflagen	16	Diebstahl
6	Heirat eines Kindes	17	Dürre
7	Geschäftlicher Verlust	18	Tod von Haustieren
8	Unfall	19	Notwendigkeit der Kinderarbeit
9	Mangel an Investitionskapital	20	Jugendarbeitslosigkeit
10	Inflation	21	Konkurrenzkampf
11	Kindesgeburt	22	Alter

Tabelle 4: Signifikante Risiken in Indonesien (Quelle: eigene Übersetzung nach ALLIANZ, GTZ, UNDP 2006)

In der Studie wurden Risiken wie Arbeitsplatzverlust, Inflation und Kindesheirat als nicht versicherbar ausgeschlossen. Private Arbeitslosenversicherungen für Haushalte mit unregel-mäßigem Einkommen wären auf Grund der nahezu 100-prozentigen Wahrscheinlichkeit des Eintrittes des Risikos nicht bezahlbar. Eine solche Versicherung obliegt eher der Verantwor-tung sozialer Sicherungssysteme des Staates (vgl. CHURCHILL 2006, S. 15). Die Kindesheirat ist im eigentlichen Sinne kein Risiko. Die damit verbundenen Kosten und der Zeitpunkt der Heirat sind längerfristig bekannt bzw. steuerbar und damit eher sicher. Risiken haben die Eigenschaft der Unsicherheit[7] (ZWEIFEL/EISEN 2003).

Die Befragten nannten „Soziale Auflagen" (bzw. Verpflichtungen) als Belastung und stuften diese als finanzielles Risiko ein (ALLIANZ, GTZ, UNDP 2006, S. 27). In den Zeiten, in denen bspw. in einen Sterbegeldfonds eingezahlt werden muss, bedeutet dies eine Einkommensminderung. Gleichsam aber erhalten die Einzahler im Falle des Todes eines Angehörigen eine Sterbegeld- oder Beerdigungskostenbeihilfe.

Das Interessante an diesem recht hoch bewerteten Risiko (Rang 4) ist, dass davon ausgegangen werden kann, dass in armen Haushalten Zahlungsabflüsse generell als negativ bewertet werden, obwohl ein zukünftiger Nutzen aus diesen Zahlungen zu erwarten ist. Dies kann aus Sicht eines Mikroversicherers bedeuten, dass hier möglicherweise ein hoher Bedarf an Aufklärungsarbeit gegeben ist. Es liegt auch hier nahe zu vermuten, dass tendenziell eher Aversionen gegen das Produkt „Versicherung" vorliegen.

Die Befragten waren Kunden eines MFI. Daher stuften sie das Risiko eines geschäftlichen Verlustes relativ hoch (Rang 7) ein. Dieses Risiko hängt stark mit anderen genannten Risiken wie Inflation (wenn der Mikrokreditnehmer steigende Input-Preise nicht an die Produktabnehmer weitergeben kann) oder Rückzahlungsunfähigkeit des Darlehens zusammen (ALLIANZ, GTZ, UNDP 2006, S. 27). Diese Risiken aus der Geschäftstätigkeit wird ein Versicherer ebenso eher nicht versichern. Gleichwohl ist die starke subjektive Wahrnehmung als bedrückende Last charakteristisch.

Als versicherbare Risiken wurden eingestuft: Schwere Krankheit/Krankenhausaufenthalt, Ausbildung der Kinder, Missernte, Flut/Regen, Tod eines Familienangehörigen, Diebstahl, Dürre, Tod von Haustieren, Unfall und Altern. Insgesamt lässt sich festhalten, dass es sich hier um das klassische Geschäft kommerzieller Versicherer handelt.

Bei bestimmten Risiken muss das Vorhandensein staatlicher Systeme oder informeller Risikomanagementstrategien geprüft werden. Bspw. können Fluthilfeprogramme existieren. Im Bereich der Krankenversicherung ist es so, dass Menschen, die in der informellen Ökonomie arbeiten, nicht von staatlichen Systemen erfasst werden.

---

[7] Teilweise wird in der Literatur aber auch davon gesprochen, dass die Kindesheirat ein finanzielles Risiko ist, da diese Feste mit sehr hohem Aufwand gefeiert werden und es teilweise noch die Praxis der Mitgift gibt. Man kann darüber geteilter Meinung sein, ob es sich um ein Risiko handelt oder gem. ZWEIFEL/EISEN nicht. Fest steht aber, dass die finanzielle Belastung als Risiko gesehen werden kann (vgl.: KLEMP 1992, S. 48).

2.3 Versicherungsprodukte am BOP-Markt

2.3.1 Produktlinien

Die *Lebensversicherung* ist die mittlerweile am weitesten verbreitete Versicherung. Sie leistet im Todes- und (bei kapitalbildenden Lebensversicherungen, den sog. „endowments") auch im Erlebensfall (vgl. MFG 2007). Diese Art der Versicherung ist ein wichtiges Instrument der finanziellen Absicherung auch für Arme. Sie ist für Versicherer ein relativ anspruchsloses Risikogeschäft und verhältnismäßig einfach zu kalkulieren, wenn qualitativ verwertbare Risikodaten vorhanden sind.

Am einfachsten anzubieten und zu verkaufen ist dabei die reine Risikolebensversicherung über eine kurz- oder mittelfristige Laufzeit („term life insurance"). Sie wird häufig auch zur Kreditsicherung zusätzlich angeboten oder ist in Mikrokreditprodukten integriert. Teilweise offerieren MFIs diese Versicherung innerhalb der eigenen Produktlinie (vgl. MFG 2007).

Kapitalbildende Lebensversicherungen, wie „whole life insurance" oder „endowments", werden in Entwicklungsländern sehr wenig angeboten. Beides sind langfristigere Produkte. Die „whole life insurance" zahlt einen vorher festgelegten Geldbetrag im Falle des Todes der versicherten Person an den Begünstigten aus. „Endowments" leisten in Höhe des aktuellen Gegenwerts des Policenguthabens im Falle des Todes oder schütten zum Ende der Vertragslaufzeit das Policenguthaben als Erlebensfallleistung aus (vgl. MFG 2007).

Daneben gibt es aber auch weitere relevante Produktlinien, die zunehmend das Interesse der Versicherer erreichen. Die Tabelle 5 fasst die häufig versicherte, in der Literatur diskutierte Risiken mit den dazu gehörigen Mikroversicherungsproduktlinien zusammen.

Mikroversicherungsprodukte und Problembereiche	
Produktart	**Anmerkung/Problembereiche**
Krankenversicherung	· Wird gerade von MFIs stark unterstützt, weil Krankheit ein Hauptgrund für Kreditausfälle ist. Teilweise gibt es eigene Programme oder Kooperationen mit Versicherern oder Hilfsorganisationen. Der Umfang geht bis hin in die Präventionsförderung (z. B. Schwangerschaftsverhütung, Impfungen). · Ein großes Problem ist die Frage nach dem, was abgesichert werden soll. Je umfassender der Schutz, desto weniger bezahlbar ist die Prämie. · Das Produkt ist sehr missbrauchsanfällig wird aber dringend benötigt. Es liegt nahe zu unterstellen, dass risikorelevante Umstände bei Beantragung nicht angegeben werden. Die Probleme des Moral Hazard (MH) und der adversen Selektion werden stark thematisiert. · Der Trend geht dahin, primär kostenintensive medizinische Leistungen (schwere Krankheiten, Krankenhausaufenthalte) und Medikamente abzusichern sowie Prävention zu fördern.

Produktart	Anmerkung/Problembereiche
Viehversicherungen	• Absicherungen gegen bestimmte Risiken (z. B. Epidemien), teilweise Schadenszahlungen mit Pauschalsummen oder direkt mit neuem Vieh • Das Risiko des MH ist sehr hoch. Es ist denkbar, dass ein Tierbestand absichtlich zur Verbesserung der Einkommenssituation vernichtet wird. • Zudem: Viehbestände können auch durch andere Risiken als Epidemien vernichtet werden. Der Viehbestand kann auch durch Fluten oder Wassermangel bedroht sein. • Es ist ein kovariantes Risiko: im Schadensfall sind hohe Leistungsansprüche zu erwarten.
Ernteausfall	• Versicherungen gegen Dürre, Feuer etc., häufig werden indexgebundene Instrumente genutzt, um u. a. auch dem MH-Problem zu begegnen. Zudem ist es ein kovariantes Risiko. • Entstehung bereits in den 70er, 80er Jahren mit Beginn der Vergabe von Landwirtschaftsentwicklungskrediten. • Besondere Probleme treten auf, da diese Versicherungsart für Versicherte als Einkommensquelle missbraucht wird.
Wetterversicherungen	• Häufig in der Ernteversicherung Element der Absicherung. Zumeist Nutzung von Indizes, weil auch hier dem Missbrauch und MH begegnet wird.
Besitz- und Vermögensversicherungen	• Schutz gegen Zerstörung oder Diebstahl (bedeutsam auch für den Schutz von Investitionen). • Hohes MH-Risiko.
Andere	• Stehen meist in Zusammenhang mit kulturellen Besonderheiten. Beispiele: Begräbniskostenversicherungen, Arbeitslosenversicherungen auf Gegenseitigkeit, Erwerbsunfähigkeitsversicherungen

Tabelle 5: Formen von Mikroversicherungen im Nicht-Leben-Bereich (vgl. MFG 2007)

2.3.2 Ausgewählte Problemfelder bei Mikroversicherungen

<u>Datenbeschaffung</u>

Das größte Problem im Bereich der Lebensversicherungen ist es, verlässliche Sterbetafeln zu beschaffen. Die Weltgesundheitsorganisation (WHO) veröffentlicht zwar landesspezifische Daten zu Sterblichkeitsraten, diese genügen den Anforderungen der Aktuare aber nicht (vgl. CHURCHILL 2006, S. 246-247).

Allgemein ist die Datenbeschaffung im informellen Sektor schwierig. Bei Wetterversicherungen ist es möglich, auf wissenschaftliche Studien aus der Klimaforschung zurückzugreifen. Häufig führen Rückversicherer Statistiken zu Großschadenereignissen (vgl. u. a. SWISSRE 2001). Im Bereich der Sachversicherungen kann davon ausgegangen werden, dass nur wenige Daten zur Verfügung stehen. Instrumente zur ersten Erhebung von Daten sind Fragebögen und Interviews. Teilweise verfügen die NGOs über enorme regionalspezifische Kenntnisse. Möglicherweise lassen sich von den Regierungen, Ministerien oder Universitäten eines Landes Daten erfragen.

Moral Hazard und Betrug

Allgemein wird bezüglich Mikroversicherungen das Problem des Moral Hazard (MH) stark diskutiert (vgl. Tabelle 5). Dies ist die „Anpassung im Verhalten eines Vertragspartners, die durch das Bestehen des Vertrags herbeigeführt wird" (ZWEIFEL/EISEN 2003, S. 295).

Arme leben seit extrem langer Zeit damit, auf irgendeine Weise Einkommen zu beschaffen. Zur Sicherstellung der Versorgung ihres Haushaltes werden auch illegale Mittel eingesetzt (vgl. u. a. CHURCHILL 2006, S. 69). Ein Versicherer muss sich dieser Mechanismen bewusst sein. Menschen, die täglich mit dem Überleben kämpfen, ist es egal woher das Geld für Nahrung kommt. Wenn sie also eine Chance sehen, individuellen Nutzen aus einem Versicherungsvertrag zu ziehen, werden sie das möglicherweise ausnutzen.

Es besteht die Gefahr, dass die Kunden Maßnahmen zur Risikominderung nicht ernst genug nehmen. Der Versicherer muss z. B. klare Regeln formulieren, welche Selbstverpflichtungen der Versicherungsnehmer einhalten muss, damit ein Risiko versichert werden kann. Es ist möglich bspw. eine Nutztierherde nur dann gegen Raub versichern, wenn diese bewacht wird. Werden Selbstbehalte zur Senkung des MH-Risikos eingesetzt, ist zu beachten, dass die Versicherung unter Umständen nicht mehr attraktiv für die Kunden sein kann, weil der Deckungsumfang aus ihrer Sicht zu gering ist.

Die Gefahr des Betruges des Versicherungsnehmers liegt nahe. Hat ein Armer die Möglichkeit, einen Schadensfall zu provozieren, wird er dies möglicherweise versuchen. Unterstellt ist hierbei keine Böswilligkeit. Dem Versicherer muss aber klar sein, dass die Klientel – menschlich gesehen – an einem Punkt der Ausweglosigkeit lebt. Schadensvergütungen stellen eine kurzfristige Möglichkeit der Verbesserung der individuellen Lebenssituation dar. Bei Krankenversicherungen liegt es nahe, dass z. B. eine oder zwei Personen aus einer Gruppe versichert sind, sich aber alle Mitglieder der Gruppe mit der Police medizinisch betreuen lassen. Brandstiftung ist im Bereich der Sachversicherungen ein großes moralisches Risiko, bei Lebensversicherungen ein geplanter Suizid (vgl. CHURCHILL 2006, S. 69). Teilweise schlossen Frauen in Bangladesch keine Lebensversicherung ab, weil sie befürchteten, ihr Mann würde auf die Versicherungsleistung spekulieren und sie wegen der zu erwartenden Schadensleistung töten (MCCORD/CHURCHILL 2005, S. 26).

Selbst wenn nach einer Schadensregulierung ein Betrug nachgewiesen wird, ist auch das irrelevant. Hat ein Versicherer einen unrechtmäßigen Schaden geleistet, wird er sein Geld vermutlich nicht zurück erhalten. Es ist demzufolge in der Beurteilung von Risiken irrelevant, ob Rechtssysteme existieren oder nicht. Anzunehmen ist, dass selbst bei Existenz von juristischen Handhaben, Ansprüche auf Schadenersatz nicht durchsetzbar sind.

<u>Adverse Selektion</u>

Problematisch ist das mit der Informationsasymmetrie verbundene Phänomen der adversen Selektion zu sehen. Die zu versichernde Person ist besser über den eigenen Zustand informiert als der Versicherer. Der Versicherer ist bestrebt, zu einer ermittelten Prämie möglichst viele „gute Risiken" in seinem Portfolio abzubilden. Werden eine hohe Zahl von „schlechten Risiken" versichert, ist das Unternehmen gefährdet (vgl. ZWEIFEL/EISEN 2003, S. 320).

Die Gefahr der adversen Selektion spielt insbesondere bei der Absicherung biometrischer Risiken eine Rolle. Arme Frauen haben in vielen Ländern ein besonders hohes Risiko, bei der Geburt von Kindern zu sterben (vgl. WELTBANK 2007, S. 352). Schwangerschaften verursachen erhöhte Kosten. Es kann davon ausgegangen werden, dass Frauen die wissen, dass sie schwanger sind, eine Krankenversicherung verstärkt nachfragen werden. Setzt der Versicherer die Prämie bei Frauentarifen zu hoch an, kann es passieren, dass er zu wenige nicht-schwangere Frauen versichert, weil die Prämien für diese zu hoch sind. Sie werden sich nicht absichern. Das Problem wird auch im Zusammenhang mit der Immunschwächekrankheit HIV/AIDS diskutiert (vgl. CHURCHILL 2006, S. 70).

2.4 Implikationen für das Mikroversicherungswesen

Um ein Versicherungsprodukt zu entwickeln, ist es notwendig, sich mit den jeweiligen Gegebenheiten intensiv auseinander zu setzen. Bevor die Aktuare überhaupt tätig werden können, ist es für einen Versicherer unabdingbar, das Land und die Situation der Zielgruppe kennen zu lernen. Genauso vulnerabel wie die Zielklientel selbst, können auch die Produkte sein. Wenn die tatsächlichen Bedürfnisse der Armen nicht berücksichtigt werden („meet the needs") oder aber der Versicherer die Bewertung des Risikos unterschätzt, können Projekte scheitern.

Ein Versicherer hat naturgemäß ökonomische Interessen, nicht zuletzt, weil er auch seinen shareholdern verpflichtet ist. Er wird den BOP-Markt nicht aus Wohlwollen erschließen, sondern nur, wenn die Investition in einen angebotenen Tarif vorteilhaft ist. Aufgrund der besonderen Bedingung aber, dass die Prämienhöhen am BOP-Markt minimal sein müssen, ist damit zu rechnen, dass Gewinne gerade in der Einführungsphase nicht oder in nur geringem Maße erwirtschaftet werden können. Das Ziel ist, Arme nachhaltig aus der Armutssituation heraus zu führen (vgl. Kap. 1). Daraus leitet sich ab, dass es nur das Interesse von Versicherungsunternehmen sein kann, wirtschaftlich zu arbeiten.

Am BOP-Markt ist die Menge die Basis für „returns on investment". Da die Gewinnrate je Police vermutlich nur minimal sein wird, müssen sehr viele Policen verkauft werden, um einen Mikro-Tarif für die Unternehmenseigner attraktiv werden zu lassen. Es muss in relativ kurzer Zeit gelingen, mit einem Produkt den Markt mit einer hohen Reichweite zu durchdringen. Das Potenzial viele Policen zu verkaufen ist vorhanden. Häufig wird hier davon gesprochen, dass am BOP-Markt das „Gesetz der großen Zahlen" gilt (vgl. CHURCHILL 2006, S. 17).

Die Einführung eines Mikro-Tarifes von einem kommerziellen Versicherer ist auch aus einem anderen Grund überlegenswert. Das Engagement am BOP-Markt kann das Image des Versicherers positiv aufwerten und für Marketingmaßnahmen genutzt werden. Zum einen ließen sich tendenziell (i) Folgegeschäfte für reguläre Tarife ehemaliger zufriedener Mikroversicherungskunden generieren. Das Engagement kann aber auch (ii) positive Effekte in Industrieländern, in denen der Versicherer tätig ist, hervorbringen. Beispiele dafür gibt es aus anderen Branchen: Die Marke VOLVIC initiierte im März 2005 die Kampagne „1 Liter für 10 Liter" („Brunnen spenden mehr als Wasser") und errichtet aus Verkaufserlösen Trinkwasserbrunnen in der Dritten Welt. Durch diese Maßnahmen wird erreicht, Umsätze im Inland zu steigern und beim Verbraucher das Image des Unternehmens zu stärken. Es ist denkbar, dass global agierende Unternehmen, wie die ALLIANZ oder AXA, ihre Engagements in der Dritten Welt ähnlich bewerben können und so ein nachhaltiges Image als vertrauenswürdiger und sozial engagierter Versicherer z. B. in Deutschland gewinnen.

3 Der BOP-Markt in Bangladesch

3.1 Armut in Bangladesch

Bangladesch erwirtschaftete im Jahr 2005 ein Bruttoinlandsprodukt (BIP) von 299,9 Mio. US$ (ICMIF 2007). Das Wirtschaftswachstum bewegt sich bei etwas über 5,0 Prozent und betrug im Jahr 2005 sogar 6,7 Prozent. Das durchschnittliche Pro-Kopf-Einkommen liegt bei 447 US$[8] (BFAI 2006). In Bangladesch leben 82,8 Prozent der gesamten Bevölkerung mit weniger als zwei US$ Einkommen am Tag (36 Prozent mit weniger als einen US$) bzw. 49,8 Prozent unterhalb der NPL. Die Lebenserwartung zum Geburtszeitpunkt beträgt 63,3 Lebensjahre, die Wahrscheinlichkeit, das 40. Lebensjahr nicht zu erreichen zum Geburtszeitpunkt 15,9 Prozent und die von 15-Jährigen, nicht älter als 60 Jahre alt zu werden für Männer bei 258 bzw. für Frauen bei 251 je 1.000 Einwohner.[9]

Bangladesch erreicht mit einem HDI = 0,530 den 137. Rang auf der Weltentwicklungsskala und liegt damit knapp oberhalb der Grenze zu einem niedrigen Entwicklungsniveau (UNDP 2006). Die Analphabetenquote beträgt ca. 65 Prozent (BE 2007). Das Land hat eine Fläche von 148.393 km^2 und ist, gemessen an der Zahl von ca. 150 Mio. Einwohnern, das siebtgrößte Land der Erde (CIA 2007).[10] Mit ca. 1.011 Einwohnern je Quadratkilometer ist die Bevölkerungsdichte sehr hoch. Sie ist etwa 4,3 mal höher als die der Bundesrepublik. Der BOP-Markt Bangladeschs hat ein Potential von ca. 110 Mio. Kunden oder anders ausgedrückt: Auf einer Fläche von einem Quadratkilometer können durchschnittlich 837 Kunden für Mikroversicherungsprodukte identifiziert werden.

Bangladesch ist eines der Länder, das zu den ärmsten und am dichtesten besiedelten der Welt gehört und damit – so paradox es klingen mag – eines der interessantesten aus Sicht eines BOP-Markt-Anbieters.

3.2 Klima und Geografie

Das Land wird überwiegend umschlossen von Indien, grenzt im Südosten an Myanmar (bis 1989 Burma) und im Süden an den Golf von Bengalen. Der größte Teil Bangladeschs besteht aus Deltagebieten. Die Flüsse Ganges, Jamuna (Hauptarm des Brahmaputra) und Meghna

---

[8] Zum Vergleich: Das BIP betrug im Betrachtungszeitraum in Deutschland 2.787,8 Mrd. US$, das Pro-Kopf-Einkommen 33.806 US$ (BFAI 2007).

[9] Zum Vergleich Bundesrepublik Deutschland: Lebenserwartung zum Geburtszeitpunkt 78,9 Jahre / Wahrscheinlichkeit, nicht älter als 60 zu werden 59 (Frauen) 115 (Männer) je 1.000 Einwohner (Weltbank 2007, S. 335).

[10] Je nach Datenquelle wird die Einwohnerzahl des Landes mit 145 bis 151 Mio. Menschen angegeben.

münden in Bangladesch in den Golf von Bengalen. Das Land liegt nur wenige Meter über dem Meeresspiegel. Die Hauptstadt Dhaka befindet sich lediglich sechs Meter über NN (vgl. CIA 2007).

Es herrscht tropisches Klima. Bangladesch liegt im Einflussbereich des Südwest-Monsuns. In den Monaten Juni bis August/September regnet es sehr stark. Die Flüsse führen insbesondere in der Regenzeit sehr viel Wasser. Das Land ist stark von Wirbelstürmen, Erdrutschen, Überschwemmungen und Flutwellen bedroht. „30 Hochwasser ... [ereigneten sich] in den letzten 40 Jahren und etwa alle acht Jahre steigt die Flut so hoch, dass sie fast sämtliche Häuser, Straßen und Felder zerstört" (BLASBERG 2007). Daneben ist das Land aber auch von Dürren betroffen. Häufig gehen Flutwellen oder starke Regenfälle mit den Stürmen einher. In den meisten Fällen sind Todesopfer zu beklagen. Die dramatischsten Katastrophen ereigneten sich 1970 (ca. 500.000 Todesopfer), 1985 (ca. 10.000), 1991 (ca. 140.000 durch das Katastrophenereignis direkt und weitere etwa 160.000 an den Folgen) und 1996 (5.000) (LOHMANN 2000).

Die Katastrophen bewirken aber auch andere Schäden und zerstören die Infrastruktur, die Ernte oder die Wohnstätten. 1998 standen mehr als 60 Prozent der Fläche des Landes unter Wasser, fast 25 Mio. Menschen wurden obdachlos (vgl. GEOGRAPHIXX 2007). Die Folgeschäden der Überflutungen sind meist von langfristiger Dauer und rufen Krankheiten infolge von Mängeln in der Wasserversorgung hervor. Am meisten betroffen von solchen Naturereignissen sind arme Menschen. Sie besitzen so gut wie keine Schutzvorkehrungen, sondern „leben mit den Katastrophen" (vgl. HOFER 2005).

Insgesamt ist eine Tendenz des Rückganges von extrem vielen Todesfällen infolge von Naturkatastrophen zu verzeichnen. Es gibt zunehmend Frühwarn- und Evakuierungssysteme. Jedoch sterben bis heute bei solchen Ereignissen immer noch einige hundert Menschen. Die Küste des Landes ist über 500 km lang. Dem Land fehlen die Mittel, das Küstengebiet einzudeichen (vgl. BLASBERG 2007; LOHMANN 2000).

Bangladeschs Grundwasser ist weitflächig durch Arsen kontaminiert. Betroffen sind etwa 40 Prozent der vorhandenen Brunnen. Erst wenn das Grundwasser aus etwa 200 Meter Tiefe gewonnen wird, ist davon auszugehen, dass es sauber ist (vgl. BÖHME 2005).

3.3 Staat und Politik

1947 erfolgte aufgrund der überwiegend muslimischen Religion die Abspaltung von Indien. Das Land gehörte zunächst zu Pakistan und wurde wegen der 1.000 Kilometer weiten räumlichen Trennung durch Indien „Ostpakistan" genannt. Ökonomische und politische Ungleichheiten der beiden pakistanischen Staaten führten zu blutigen Kriegen und 1971 erreichte Bangladesch die Unabhängigkeit von Pakistan. Am 17. Dezember desselben Jahres erfolgte die völkerrechtliche Anerkennung Bangladeschs von der internationalen Staatengemeinschaft als souveräner Staat.

Bangladesch gehört nach Indonesien und etwa gleichauf mit Indien und Pakistan zu den Staaten mit der größten islamischen Glaubensgemeinschaft. Der Islam ist Staatsreligion (vgl. EVERS 2007, S. 157). Dieser Glaubensrichtung gehören 88,3 Prozent der Bevölkerung an, 10,5 Prozent sind Hindus, 0,6 Prozent Buddhisten und 0,3 Prozent Christen (BE 2007).

Das Land ist geprägt von seiner Geschichte und von seinen religiösen Wurzeln. Es gibt formal eine parlamentarische Demokratie und ein Justizsystem. Politische Unruhen prägen aber das Bild des Landes in der Öffentlichkeit bis in die heutige Zeit (vgl. EVERS 2007; NETZ 2003). Anfang des Jahres 2007 wurde ein Ausnahmezustand ausgerufen. Korruption und Bestechung, Veruntreuung öffentlicher Gelder und religiös begründete defizitäre Gesellschaftsstrukturen bestimmen das Alltagsbild (vgl. NETZ 2003).

Für das Versicherungswesen ergeben sich hieraus wichtige Fragen: (i) Ist es möglich, im Falle von Vertragsstreitigkeiten ein ordentliches Gericht bzw. Schiedsverfahren anzurufen? (ii) Sollten Ausschlussklauseln für den Fall von besonderen politischen Ereignissen in Betracht gezogen werden? (iii) Kann die Abwicklung des Prämieninkasso ordnungsgemäß erfolgen? (iv) Wirken sich religiöse Besonderheiten auf Vertragsgestaltungen aus? (v) Haben informelle Machtstrukturen Auswirkungen auf das Versicherungswesen?

3.4 Religiöse Besonderheiten

3.4.1 Das Problem der Mitgift

Eine Besonderheit in islamischen Ländern ist die übliche Praxis der Mitgift, die Eltern für das Verheiraten ihrer Töchter aufwenden müssen. Abgesehen von hier nicht diskutierten menschenrechtlichen Fragen ist diese Praxis zu beachten. Mitgift ist rechtlich verboten, aber tatsächlich kann kaum eine Familie eine Tochter ohne Mitgiftzahlung verheiraten. In

Familien, in denen ein Elternteil vor der Hochzeit der Tochter stirbt, ist das Risiko, diese Aussteuer nicht aufbringen zu können, besonders hoch.

Mitgift stellt für die Familien der Töchter eine enorme finanzielle Belastung dar und ist häufig Auslöser von Gewalt. Frauen, für die nichts oder zu wenig gezahlt wird, geraten regelmäßig in schwerwiegende menschliche Tragödien, über die man sich aus Sicht westlicher Kulturkreise und demokratisch verfasster Staaten kaum Vorstellungen machen kann. Sie werden schwer misshandelt, mit Batteriesäure verätzt, vergewaltigt, zu Tode geschlagen und vieles mehr (vgl. AI 2007; NETZ 2001). Daher ist es ernsthaft zu überlegen, ob eine Mitgiftversicherung möglicherweise sogar trotz eines rechtlichen Verbots in Bangladesch sinnvoll wäre.

Hieraus ergibt sich für den Versicherer ein Zielkonflikt. Ethisch stellt sich die Frage, ob der Versicherer diese menschenrechtsverletzende Praxis unterstützen sollte. Diese Frage lässt sich aus meiner Sicht klar mit „Nein" beantworten. Zudem kann ihm ein „Mitgift-Produkt" möglicherweise einen Imageschaden zufügen. Bedarfsanalytisch wäre jedoch eine Form der kapitalbildenden Lebensversicherung (ähnlich einer Ausbildungsversicherung in Deutschland) eine geeignete Möglichkeit, das finanzielle Risiko für die Familien der Töchter zu minimieren. Zum Ablauf der Vertragslaufzeit stünde Kapital aus dem Sparanteil zur Auszahlung für die Mitgift zur Verfügung. Im Todesfall des Beitragszahlers würde der Vertrag zusätzlich beitragsfrei gestellt. Die zu leistende Mitgift wäre gesichert. Vor allem aber würde das Produkt die Lebenssituation der Frauen verbessern. Nun könnte argumentiert werden, man würde so die bestehenden Systeme stärken. Aber Versicherungsgesellschaften sind keine politischen Institutionen. Bei den bestehenden Verhältnissen ist ein Mitgift-Produkt durchaus auch ethisch vertretbar, zumal diese den Frauen konkret helfen kann. Zudem gibt es in Bangladesch bereits ein entsprechendes Angebot. Die DELTA LIFE INSURANCE bietet einen „Daughters' wedding insurance plan" an (vgl. CHURCHILL 2006, S. 137f , S. 175). Genau genommen ist dies eine Mitgift-Versicherung.

Die Praxis der Mitgift wird sich auf absehbare Zeit nicht ändern, denn in Bangladesch ist der Islam nicht nur weit verbreitet, sondern wird auch teilweise sehr konservativ praktiziert. Es ist anzunehmen, dass der Bedarf an der Versicherbarkeit des Risikos recht hoch sein wird und zudem, dass die Kunden die Zahlung regelmäßiger Prämien sehr ernst nehmen werden. Als anzusprechende Zielgruppe kommen Mütter in Frage, weil sie die folgenschwere Situation in Bangladesch sehr gut kennen und an der Absicherung ihrer Kinder ein großes Interesse haben.

3.4.2 Versicherungen im Islam

Besonderheiten im Finanz- und Versicherungswesen

Der Islam bestimmt nicht nur das politische und gesellschaftliche System, sondern auch das der Wirtschaft und Finanzen. Es ist zu beachten, dass die Religion direkte Auswirkungen auf das ökonomische Handeln von Banken und Versicherungen hat.

Koran (die „Heilige Schrift" bzw. das „Buch Gottes") und Sunna (Regelung gebräuchlicher Handlungsweisen) sind die Primärquellen des islamischen Rechts. Die islamischen Rechtsgelehrten befassen sich mit den Interpretationen von Koran und Sunna. Sie beurteilen, was Haram (das Unzulässige, Verbotene) und was Halal (das Zulässige, Erlaubte) ist. Die Scharia ist die Rechtssprechung bzw. die Gesetzgebung des Islam. Grundsätzlich ist alles Halal. Entscheidungen der Gelehrten über Haram sind verbindliche Normen (vgl. ANSARY 2007).

Im Bereich der Finanz- und Versicherungswirtschaft sind folgende wichtige Regeln bedeutsam, die gegen islamisches Recht verstoßen und als Haram eigestuft werden können:

Regel/Norm	Bedeutung	Begründung/Erläuterung
Riba	allgemeines Zinsverbot	Insbesondere im Bereich Lebensversicherung: (i) Der Versicherungsnehmer erhält bei Vertragsablauf einen verzinsten Geldbetrag ausgezahlt (Sparkomponente). Er hat aber für den Zuwachs keine Gegenleistung erbracht. (ii) Der Versicherer legt die eingezahlten Beträge (Risikoprämie und Sparanteil) am Kapitalmarkt an und erzielt hierüber Zinsgewinne.
Gharar	Verbot der vertraglichen Unsicherheit und Spekulation	Risiko ist Unsicherheit. Das Geschäft mit dem Risiko ist eine vertragliche Unsicherheit. Die potenzielle Höhe der erwarteten Schadenszahlung übersteigt die Höhe der eingezahlten Beträge. Es weiß aber niemand, wann und ob es zum Leistungsfall kommt und teils auch nicht in welcher Höhe. Das ist Spekulation.
Maysir, (z. T. auch Quimar, Pimer)	Verbot des Glücksspiels	Vereinbart wird, dass kleine eingesetzte Beträge (Prämien) dem Versicherten im Leistungsfall einen hohen Zahlungsrückfluss einbringen. Dieses Verfahren gleicht dem Spiel mit dem Glück.
Murahana	Verbot der Wette	Die Wette beinhaltet Unsicherheit. Unterstellt wird, dass der Versicherungsnehmer darauf setzt, dass ein Schaden eintritt. Der Versicherer setzt darauf, dass kein Schaden eintritt.
Gahala	Verbot vertraglicher Unkenntnis	Keine der beiden Vertragsparteien weiß vorher, wie der Vertrag zwischen beiden endet. Im Leistungsfall macht der Versicherer Verlust. Tritt kein Schaden ein, macht der Versicherte Verlust. Im Erlebensfall (Lebensversicherung) weiß der Versicherte zu Vertragsbeginn nicht, wie hoch die Erlebensfallleistung tatsächlich sein wird.

Tabelle 6: Bedeutsame Regeln – Islam und Versicherungen (Quelle: nach ANSARY 2007)

Zusätzlich ist zu beachten, dass Alkohol (Herstellung, Vertrieb, Konsum), Prostitution, Pornografie, Schweinefleisch (Verarbeitung, Handel) oder Waffen (Herstellung und Handel) Haram sind. Diese Dinge sind nicht mit islamischen Grundsätzen und Lebensregeln vereinbar. Daher gilt: Wo auch immer ökonomische Aktivitäten diese Bereiche berühren könnten,

36

sind diese Haram. Das ist bedeutsam für die Anlagepolitik von Unternehmen (vgl. KNAPPMANN 2006). Gleichwohl wäre zu prüfen, wie streng diese Regeln in einem Land angewendet werden, allerdings sollte ein Versicherer davon ausgehen, dass diese Regeln im Zweifel sehr streng ausgelegt werden, gerade dann, wenn es sich um einen Versicherer aus einem westlichen Land handelt.

Nach strengen Auslegungen des Korans dürfen z. B. keine Wertpapiere im Portfolio eines Unternehmens gehalten werden, die gegen den Haram-Bestimmungen entsprechen. Das betrifft auch Wertpapierfonds. Ein solcher Fonds gilt als Haram, wenn er z. B. Anteile an einer Großhandelskette hält, die Schweinefleisch im Sortiment hat. Besonders kritisch werden Unternehmen gesehen, die neben Zivilgütern auch Militärtechnik produzieren oder mit dieser handeln. Gleiches gilt für Internet-Unternehmen. Hier liegt die Gefahr nahe, dass über diese bspw. Pornografie verbreitet werden kann (vgl. ebd.).

Grundsätzlich aber ist es gestattet, Aktien zu halten. Aktientitel sind dann Halal, wenn die Unternehmenstätigkeit den religiösen Normsätzen entspricht. Sie verstoßen auch dann nicht gegen die Scharia, wenn sie zu Spekulationszwecken gehalten werden. Begründet werden kann das damit, dass der Aktieninhaber am gesamten unternehmerischen Risiko, also auch am Verlustrisiko, beteiligt ist. Islamkonforme Wertpapiere müssen das Siegel „Halal" von sog. Scharia-Boards (eine Kommission muslimischer Rechtsgelehrter) verliehen bekommen. Erst dann sind sie für islamische Märkte zugelassen (vgl. ebd.).

Islamic banking (IB) – Möglichkeiten der Kreditvergabe

Insbesondere das Zinsverbot (Riba) würde das Kreditgeschäft in islamischen Ländern nicht erlauben, da mit dem Begriff per se eine Vereinbarung über eine Zinszahlung verbunden ist. In der Praxis des IB wird das Kreditgeschäft über (i) Beteiligungs- oder (ii) Sachmittelfinanzierungen und (iii) Leasing organisiert (vgl. GTZ 2006).

Bei den *Beteiligungsfinanzierungen* werden das unternehmerische Risiko und damit der Gewinn und der Verlust geteilt. Es wird Eigenkapital zur Verfügung gestellt. Eine Rückzahlungsgarantie wird nicht vereinbart. Im Wesentlichen gibt es hier zwei Formen. *Musharaka* ähnelt einer Joint-Venture-Finanzierung. Beide Vertragsparteien bringen Kapital und Managementleistungen ein. Die Anteile des eingebrachten Kapitals sind der Schlüssel für die Gewinn- und Verlustverteilung.

Wird das Kapital vollständig von der Bank eingebracht, liegt eine *Mudaraba*-Finanzierung vor. Das Unternehmen hat das Projektmanagement, wird am Gewinn zu einem vorher vereinbarten Betrag, aber nicht an den Verlusten beteiligt. Die Bank darf keine Sicherheiten einfordern. Das Kreditausfallrisiko ist demzufolge sehr hoch (ebd.).

Im Falle von *Sachmittelkrediten* (Murabaha) kauft die Bank die Sachmittel und verkauft diese an den Kreditnehmer weiter (Aufschlagsfinanzierungen). Sie ist Zwischenhändler. Vereinbart wird eine Ratenzahlung über einen längeren Zeitraum oder bei endfälligen Darlehen die Stundung der Bezahlung der Ware. Beim *Leasing* werden zwei Formen unterschieden: Sachmittelleasing (Ijara) und Leasing-Kauf (Ijara wa Iqtina). Beträge, Zeiträume und Endpreis werden jeweils vorher vereinbart (Gharar) (ebd.).

Implikationen für die Versicherungswirtschaft

Problematisch ist beim Kreditgeschäft die Gharar-Norm. Es ist bei IB-Finanzierungen nicht möglich, vor Vertragsbeginn flexible Tilgungszahlungen zu vereinbaren. Arme erzielen aber in der informellen Ökonomie zumeist unregelmäßige Einkommen. Flexible Zahlungsweisen wären vorteilhaft. Die Schuldner könnten Raten dann zahlen, wenn diese liquide sind. In der Praxis wird bei Zahlungsschwierigkeiten eine Änderung der Zahlungsweisen ex post ermöglicht. Ähnliches sollte bei der Zahlung von Mikroversicherungsprämien beachtet werden.

Die einzige Form des IB-Sparens besteht darin, Anteilswerte der Bank zu erwerben. Das Einlagengeschäft ist vom Prinzip her eine Mudaraba-Finanzierung. Dies ähnelt dem System von Genossenschaftsbanken. Die Bank hat hier sozusagen den Anteil des Projektmanagements. Für den Kleinsparer ist dies aber sehr risikoreich, da er an den Verlusten der Bank beteiligt ist. Er kann bei Fehlentwicklungen nicht in das Management eingreifen.

Der Sparer hat streng genommen *nicht die Möglichkeit*, sich *nicht* am Risiko der unternehmerischen Tätigkeit der Bank zu beteiligen. Er könnte ja für die geringere Risikobereitschaft ein geringeres aber sicheres Entgelt verlangen. Das wären aber Zinsen. Für eine Versicherungsgesellschaft, die Sichtguthaben bei einer Bank deponiert, bedeutet das, dass sie am Management der Bank beteiligt sein sollte (Musharaka-Finanzierung).

Implikationen für Kapitalanlagekosten

Die Vorschriften der Scharia verursachen Kosten. Es besteht ein eingeschränkter Zugang zu regulären Kapitalmärkten. Die Alternative zu möglicherweise vorteilhafteren Investition ist ausgeschlossen, wenn das Wertpapier nicht der Scharia entspricht. Somit entstehen Opportunitätskosten. Des Weiteren ist das Management gezwungen, alle Wertpapiere zusätzlich auf Scharia-Konformität zu überprüfen bzw. überprüfen zu lassen. Die Kosten der Kapitalbeschaffung erhöhen sich.

Durch den eingeschränkten Zugang zu regulären Kapitalmärkten entstehen weitere Nachteile. Unternehmen, die bspw. Wertpapierfonds in ihrem Portfolio halten, transferieren die Kosten der Überwachung und des Managements der Kapitalanlagen auf die Fondsgesellschaften. Sie zahlen zwar Ausgabeaufschläge und Verwaltungsgebühren, aber sie würden diese nicht bezahlen, wenn die Preise für diese Dienstleistung des Kapitalmanagements nicht fair wären. Zudem ließen sich diese Gebühren auch als „Prämie" zur Minimierung des Kapitalanlagerisikos interpretieren. Anteile von Fonds zu halten, bedeutet das Risiko von investiertem Kapital zu diversifizieren. Beide Vorteile sind nach den Regeln des IB nicht bzw. nur eingeschränkt möglich.

Mittlerweile gibt es einige Fondsgesellschaften, die sich auf schariakonforme Angebote spezialisiert haben. 1999 betrug die Zahl der Fonds noch etwa zwölf, im Jahr 2006 bereits ca. 150. Der Markt wächst, ist aber im Vergleich zum regulären Kapitalmarkt noch sehr gering entwickelt (KNAPPMANN 2006).

Die Praxis des IB ist außerordentlich bedeutsam für den Mikroversicherungsmarkt. Im Bereich der Anlage der Sparanteile von Lebens- oder Rentenversicherungen sind Möglichkeiten der Kapitalanlage nach den Regeln des IB – wenn auch begrenzt – vorhanden. Diese Verträge sind langfristig und somit ist das Management der Anlagen sehr gut planbar. Zum Zeitpunkt der Ablaufleistung kann das auszuzahlende Kapital zur Verfügung stehen. Hierfür eignen sich eventuell auch direkte Beteiligungsfinanzierungen.

Islamic Insurance

Restriktiv wirken neben der Riba- und Gharar-Norm vor allem die weiteren o. g. Normen der Scharia (vgl. Tabelle 6). Versicherungsprodukte nach dem Muster der westlichen Welt sind in islamischen Ländern genau genommen nicht möglich. Das Produkt zielt in den Augen der Rechtsgelehrten – sowohl für den Versicherer als auch für den Versicherungsnehmer – eindeutig auf Gewinnabsicht, gleicht dem Glücksspiel, der Wette und der Spekulation und ist naturgemäß ein Geschäft mit Unsicherheit. Die Prämienhöhe steht nach Auffassung der Scharia in keinem adäquaten Verhältnis zur versicherten Leistung. Wenn kein Schaden eintritt, erhält der Versicherte keine Gegenleistung. Die „bloße" Bereitschaft des Versicherers im Schadensfall zu leisten, wird nach Scharia-Regeln nicht als Leistung interpretiert. Das gilt für alle Versicherungsprodukte, vor allem im reinen Risikogeschäft ohne Sparanteile.

Nach den Regeln der Scharia ist es selbst dem Versicherer nicht möglich, sich rückzuversichern. Im business-to-business-Geschäft gelten dieselben Regeln, wie im Erstversicherungsgeschäft. Selbst dann, wenn aus dem Rückversicherungsgeschäft keine Gewinne generiert werden sollen, würden die Normen Gharar, Maysir, Murahana und Gahala verletzt werden.

Takaful – Versicherung auf Gegenseitigkeit

Allerdings sind Formen der Versicherung möglich. Der Islam richtet sich nicht gegen den Risikotransfer als Option des Risikomanagements selbst. Wenn es die Möglichkeit gibt, den Menschen vor finanziellen Verlusten infolge von Schadensereignissen zu schützen, sollten diese genutzt werden. Er richtet sich aber gegen das kommerzielle System des Versicherungswesens. Analog der Idee des genossenschaftlichen Bankensystems gilt, dass Versicherungen nur auf Gegenseitigkeit, z. B. in Form von Versicherungsvereinen, akzeptiert werden (vgl. ICMIF 2007).

Diese Form der Absicherung wird „Takaful" (Gemeinbürgschaft; solidarische Haftung; gegenseitige Garantie) genannt. Das Risikomanagement eines Takaful-Produktes ist auf Scharia-Regeln zugeschnitten. Es beteiligt alle Prämienzahler am Gewinn sowie am Verlust des zu versichernden Risikos. Die Versicherungsnehmer werden „Takaful-Partner" (oder auch „Mitglieder") genannt (ebd.).

Die Beiträge werden von Takaful-Anbietern im Falle von Lebens- oder Rentenprodukten etwa analog konventioneller Versicherer aufgeteilt. Es gibt einen Investmentanteil und einen Spendenanteil für Notleidende. Letzterer entspricht in etwa der Risikoprämie kommerzieller Systeme. Bei reinen Risikoprodukten ist ein Beitrag ausschließlich eine Spende (AYUB 2007).

Der Spendenanteil bei Lebens- und Rentenprodukten wird ebenso mit Sterbetafeln aktuarisch ermittelt. Prämienzahlungen werden nach Mudaraba-Regeln angelegt. Gewinne aus Spenden- und Investmentanteil sind für die Mitglieder bestimmt. Gewinne aus dem Spendenanteil werden primär den Notleidenden zur Verfügung gestellt, d. h. sie werden nach Mudaraba-Regeln in Abhängigkeit von den erwarteten Schadenszahlungen reinvestiert (AYUB 2007).

Der wesentliche Unterschied von Takaful- zu kommerziellen Produkten ist, dass das Geschäft mit dem Risikotransfer nicht auf das Erzielen von Profiten gerichtet ist. Das Bereichern an der Not anderer ist den Prinzipien des Islam zuwider. Überteuerte Prämien hält der Islam für nicht gerechtfertigt. Risiken sollten von der Gemeinschaft getragen werden. Sind Prämien zu hoch kalkuliert worden, werden sie rückvergütet.

Die Prinzipien einer Takaful-Versicherung lauten (vgl. ICMIF 2007):

- Die Versicherungsnehmer kooperieren unter sich selbst zum Gemeinwohl.

- Jeder Versicherungsnehmer zahlt einen Beitrag, um denen zu helfen, die Hilfe benötigen.

40

- Verluste und Zahlungsverpflichtungen werden auf die Gemeinschaft verteilt.

- Die Unsicherheit wird durch Mitgliedschaft und Ausgleich (im Kollektiv) eliminiert.

- Es wird kein Kostenvorteil zu Lasten anderer erzielt.

Es ist möglich, dass in islamischen Ländern – ähnlich wie im Bankensystem – kommerzielle und schariakonforme Unternehmen parallel existieren können. Das bedeutet, dass sich ein Versicherungssystem für Arme basierend auf konventionellen Mechanismen installieren ließe. Zu bedenken ist aber, dass in einem Land wie Bangladesch dem Erstversicherer die Kunden ausbleiben könnten, weil für diese die Religion eine große Bedeutung hat.

3.5 Das Versicherungswesen in Bangladesch

Verantwortlich für das Versicherungswesen des Landes ist das Ministry of Commerce (vgl. MOCB 2007). Es gibt in Bangladesch etwa 57 private, zwei staatliche und ein ausländisches Versicherungsunternehmen, die seit 1974 tätige AMERICAN LIFE INSURANCE COMPANY, Dhaka (BI 2007).

Das Beitragsvolumen der eingenommenen Versicherungsprämien in Bangladesch im Jahr 2005 betrug 115 Mio. US$ für Nicht-Leben-Produkte (einschl. Kranken- und Unfallversicherungen) sowie 245 Mio. US$ für Lebensversicherungen.

Die größten Versicherer im Bereich der Lebensversicherungen sind die AMERICAN LIFE, die NATIONAL LIFE und die DELTA LIFE. Die AMERICAN LIFE mit 71,3 Mio. US$ (4.241,3 Mio. Taka) hält allein etwa genauso viel Prämienvolumen im Bestand, wie die NATIONAL LIFE (35,7 Mio. US$ bzw. 2.127,0 Mio. Taka) und die DELTA LIFE (35,3 Mio. US$ bzw. 2.102,5 Taka) zusammen. Im Bereich der Nicht-Leben-Versicherungen hat der größte Versicherer, die SADHARAN BIMA CORPORATION, ein Volumen von 13,4 Mio. US$ (778.7 Mio. Taka) im Bestand (III 2006/07).

Es gibt fünf Versicherer, die in beachtenswertem Umfang Takaful-Produkte auf dem regulären Markt anbieten.[11] Nach einer Studie der DELTA LIFE INSURANCE (vgl. MCCORD 2005, S. 6) gibt es 18 Anbieter von Lebensversicherungen für Arme des Landes. Es wird nicht explizit erwähnt, ob es hierbei Gesellschaften gibt, die Takaful-Mikroversicherungen anbieten.

---

[11] Die Islamic Commercial Insurance Co., die Fareast Islami Life Insurance Co. Ltd, die Islami Insurance Bangladesh Limited, die Takaful Islami Insurance Limited und die Prime Life Insurance Limited sind reine Takaful-Versicherer (ICMIF 2007).

Bis zum Dezember des Jahres 2006 gab es kaum Möglichkeiten für Takaful-Versicherer, sich rückzuversichern. Die HANNOVERRE startete als erster Rückversicherer der westlichen Welt ein Pilotprojekt, die sog. „ReTakaful". Das Konzept ist den Regeln der Sharia gemäß entwickelt worden (HR 2006). In der Studie der DELTA LIFE INSURANCE (vgl. MCCORD 2005, S. 25) wurde festgestellt, dass es für reguläre Versicherer Rückversicherungsschutz gibt. Allerdings war die Gesellschaft im Bereich der Mikroversicherungen nicht abgesichert, weil die Selbstbehalte zu hoch waren. Zudem war die Höhe der Minimumprämie zu hoch, im Verhältnis zum rückzuversichernden Schutz (vgl. CHURCHILL 2006, S. 532). Dies ist allgemein ein Problem für Erstversicherer mit Mikroprodukten.

4 Die Funktionsweise des Mikrokreditsystems am Beispiel der GRAMEEN-BANK (GB) in Bangladesch

4.1 Die Entstehungsgeschichte der Bank

Die GB entstand aus einer Projektidee des Friedensnobelpreisträgers von 2006, Professor Dr. MUHAMMAD YUNUS, aus dem Jahr 1976. YUNUS hatte in Nashville (Tennessee) studiert und lehrte damals erfolgreich Volkswirtschaft an der Universität Chittagong, der zweigrößten Stadt Bangladeschs.

Das Land befand sich in einer schweren Hungersnot und YUNUS überlegte, wie es möglich sein könne, in einem der ärmsten Länder der Welt die Armut zu bekämpfen. Die ökonomischen Theorien, die er selbst lehrte, schienen nicht für das System Bangladeschs zuzutreffen. Er ging mit einem Professorenkollegen und einer Gruppe Studenten in das nahegelegene Dorf Jobra.

Aus zahlreichen Interviews sammelte er Informationen zu Grundproblemen der Armen. Eine wesentliche Ursache für Einkommensarmut waren die Zinsen der Geldverleiher oder Zwischenhändler. Er ermittelte Zinsen von bis zu zehn Prozent pro Woche, was einem effektiven Jahreszins von etwa 14.200 Prozent entspricht (SPIEGEL, P. 2006, S. 25). Diesen Zins schafft keine Bank der Welt zu erwirtschaften. Möglichkeiten der Fremdkapitalaufnahme bei regulären Kreditinstituten standen den Armen nicht zur Verfügung. Sie konnten keine banküblichen Sicherheiten vorweisen und sahen sich dem Vorurteil ausgesetzt, dass sie nicht mit Geld umgehen könnten. Außerdem konnten die Armen die Banken nicht erreichen, weil diese auf Dörfern keine Filialen hatten und sich mit ihren Dienstleistungen in den Städten an eine vermögendere Klientel richteten (vgl. YUNUS 1998).

Die Existenz von Wucherzinssystemen regen zu einer Überlegung an: Den Menschen am BOP wird Unfähigkeit im Umgang mit Geld attestiert. Sie sind aber in der Lage, ein Betriebsergebnis unter Berücksichtigung der Zinsen des Geldverleihers ex ante zu kalkulieren und gehen das Risiko dieser Fremdkapitalaufnahme regelmäßig ein. Es lassen sich daraus drei Feststellungen ableiten:

(i) Das Vorurteil ist falsch. Die Analphabetenrate in den ländlichen Gegenden mag bei über 75 Prozent liegen, aber die Menschen sind nicht dumm, nur weil es keine ausreichenden Bildungssysteme gibt.

(ii) Die Wachstumsraten am BOP müssen enorm hoch sein. Bei vermögenden Kunden der konventionellen Bankensysteme in Bangladesch liegen die Kreditzinsen bei etwa

20 Prozent p.a. Hätten Arme Zugang zu regulären Krediten, würde das ihre Situation deutlich verbessern. Sie würden Fremdkapitalzinsen zahlen können und aus den Mehrerlösen durch Produktion deutlich mehr Geld für den Lebensunterhalt zur Verfügung haben (vgl. YUNUS 1998).

(iii) Die Menschen am BOP sind extrem innovativ. Wer es schafft, unter den widrigen Bedingungen der bestehenden Systeme eine Familie mit ein bis zwei US$ am Tag zu ernähren, besitzt unglaubliche Fähigkeiten und Kreativität und ist in der Lage, diese für einkommensproduzierende Aktivitäten einzusetzen. Den Armen ist ein Unternehmertum zuzutrauen. Sie beweisen ihre Managementfähigkeiten tagtäglich beim Kampf ums Überleben in ihrer „Unternehmung Familie" (vgl. PRAHALAD 2006).

Angefangen hat YUNUS in den 70er Jahren damit, einen Privatkredit in Höhe von 856 Taka (27 US$) an eine Gruppe von 42 Armen zu gewähren. Er hatte im Vorfeld eine Studentin beauftragt, innerhalb eines Dorfes herauszufinden, wie hoch der Kreditbedarf wäre, um das Nötigste an Rohstoffen zu kaufen. Es war für ihn angesichts der nahezu beschämend marginalen Summe eine schwierige moralische Frage, ob er das Geld schenken oder verleihen sollte. Der „Preis für den Ausweg aus der Armut" (SPIEGEL, P. 2006, S. 26) betrug für 42 Menschen 27 US$. Schenken wäre wohl aus Sicht ethisch-moralischer Gründe einwandfrei gewesen, aber Almosen helfen nicht, wenn nachhaltige Effekte erzielt werden sollen. Die Entscheidung des Verleihens war die richtige. Die Grundidee für die GB war geboren.

Anfangs experimentierte YUNUS und nach und nach kristallisierte sich ein Geschäftsmodell heraus, das auf die Bedingung der Kreditsicherung ohne Sicherheiten sowie den geringen Kreditbedarf einging. Dieses Modell stellte YUNUS zahlreichen Banken vor. Er wurde belächelt und nicht ernst genommen, setzte sich mit vielen Kritikern, Lobbyisten und ungerechtfertigten Verleumdungen und Anschuldigungen auseinander (vgl. SPIEGEL, P. 2006). Aber er hielt an seiner Idee fest. Im Jahr 1983 folgte schließlich die Gründung der Institution „GRAMEEN-BANK". Das „System GRAMEEN" ist heute eines der bekanntesten Export-Produkte Bangladeschs.

In den 80er und 90er Jahren bewegte sich das Niveau der Erstkredite um ca. 20 bis 30 US$ (SPIEGEL, P. 2006. S. 26). Wurden in der Anfangszeit zum Aufbau der Bank noch Spendengelder von Stiftungen oder privaten oder staatlichen Organisationen angenommen, so erfolgte 1995 der Beschluss, dass die GB eine „echte" Bank ohne Subventionen werden sollte. 1998 wurden die letzten vor 1995 angenommenen Spendenzusagen im Unternehmen verwendet. Seither arbeitet die Bank ausschließlich mit den Einnahmen aus dem Einlagen- und Kreditgeschäft und verzichtet auf zinsvergünstigte Kredite. 90 Prozent der Kredite werden aus eigenen Geldmitteln sowie aus den Einlagen der Sparer finanziert. 82 Prozent der Einleger sind gleichzeitig Kreditnehmer der Bank (vgl. GRAMEEN 2007).

Da die Bank genossenschaftlich organisiert[12] ist, halten etwa 94 Prozent der Anteile Arme. Die verbleibenden sechs Prozent sind im Besitz des Staates Bangladesch. Die Bank vergibt Kredite primär an arme Frauen und ist damit überwiegend im Besitz armer Frauen. Mittlerweile gibt es spezielle Kreditprogramme für die Bildung der Kinder, Wohnstättenbauprogramme oder das Spargeschäft der GRAMEEN-Kunden. Bemerkenswert ist, dass auch heute noch der Schwerpunkt auf den Ärmsten liegt. In der jüngeren Zeit rückten bspw. Bettler, die nirgendwo je einen Kredit erhalten würden, in den Focus der Arbeit. Im Mai waren insgesamt 83.583 Menschen dieser Gruppe Kunden der Bank (vgl. ebd.).

Die kumulierte Summe der vergebenen Kredite seit Gründung der Bank bis Mai 2007 beläuft sich auf insgesamt 326,96 Mrd. Taka (6,25 Mrd. US$). Davon wurden kumuliert etwa 90 Prozent (293,25 Mrd. Taka bzw. 5,58 Mrd. US$) zurückgezahlt. Die Rückzahlquote der fälligen Darlehen liegt bei 98,28 Prozent.[13] Aktuell wurden im Monat Mai des Jahres 2007 Kredite in Höhe von 4.244,42 Mio. Taka (61,57 Mio. US$) vergeben. Das entspricht auch etwa dem im Durchschnitt monatlich ausgegebenen Kreditvolumen der letzten zwölf Monate (YUNUS 2007).

Die Rückzahlquote ist sehr hoch. Angemerkt werden muss aber, dass die Bank im Jahr 2001 in die Kritik kam, weil sie überfällige Darlehen nicht als notleidende Darlehen auswies. Konnten Kreditnehmer ihre Verbindlichkeiten nicht fristgerecht begleichen, wurden Darlehen häufig umgeschuldet und z. B. kleinere Raten vereinbart. Da das Darlehen dem Grunde nach gefährdet ist, hätte es als notleidend ausgewiesen werden müssen, wie es im konventionellen Bankengeschäft üblich ist. In der Bilanz des Jahres 2000 wurde eine Ausfallquote von fünf Prozent ausgewiesen. Tatsächlich betrug der Anteil der Darlehen, die länger als ein Jahr überfällig waren, 19 Prozent (vgl. WSJ 2001). Die Darlehen, die länger als zwei Jahre überfällig waren, betrugen zehn Prozent. Insgesamt aber sind die Rückzahlquoten – vor allem

---

[12] Die GRAMEEN-BANK formuliert nicht explizit die genossenschaftliche Organisationsweise. Wird jemand Kunde, erwirbt er bzw. sie Anteile an der Bank mit Anspruch auf Gewinnbeteiligung. Der staatliche Anteil entspricht dem gesetzlich vorgeschriebenen Mindestanteil. Kunden werden in diesem Zusammenhang auch häufig als Mitglieder („member") bezeichnet. Aufgrund der Organisationsstruktur ist anzunehmen, dass die GB eine Bank ist, die den Scharia Regeln entspricht.

[13] Diese Zahl schwankt, je nach Betrachtungszeitraum. Sie wird monatlich aktualisiert, liegt aber regelmäßig über 95 Prozent.

wenn beachtet wird, welche Klientel von der Bank mit finanziellen Mitteln versorgt wird – ein enormer Erfolg.

Die Tabelle 7 fasst die Entwicklung anhand ausgewählter Bilanzdaten der GB zusammen.

	Beginn der Vergabe von Kleinkrediten	Jahr der Gründung der GRAMEEN-Bank	Jahr nach dem Beschluss des Verzichtes auf Subventionen	Jahr der aktuellsten Performance	
Performance Indikator	1976	1983	1996	2005	Währung
ausgegebene Kredite kumuliert	0,0080	194,95	65.509,80	3.248.163,17	Mio. Taka
	0,0010	9,63	1.691,74	5.025,61	Mio. US$
ausgegebene Kredite des Kalenderjahres	0,0080	99,34	11.877,80	38.996,41	Mio. Taka
	0,0010	4,17	285,80	608,79	Mio. US$
ausstehende Rückzahlungen inkl. nicht fälliger	0,0050	72,07	8.639,68	27.357,06	Mio. Taka
	0,0003	3,03	213,54	415,82	Mio. US$
Hausfinanzierungen des Kalenderjahres	-	-	168,70	187,08	Mio. Taka
	-	-	4,06	2,95	Mio. US$
Gesamteinlagen (Saldo)	-	18,51	52.011,95	31.659,56	Mio. Taka
	-	0,78	125,27	481,22	Mio. US$
Gewinn/Verlust des Jahres	1,000	-3,260	19,02	1.000,44	Mio. Taka
	-	-0,006	0,46	15,21*	Mio. US$
Jahr	1976	1983	1996	2005	2007
Zahl der Mitglieder	10	58.320	2.059.510	5.579.399	7.166.944
Anteil Frauen in Prozent	20	46	94	96	97
Zahl der Kreditnehmergruppen	-	11.667	433.791	877.142	1.133.482
Zahl der erreichten Dörfer	8	1.249	36.420	59.912	78.101
Zahl der Filialen	1	86	1.079	1.735	2.422
Zahl gebauter Häuser (kumuliert)	-	-	329.040	627.058	647.130

*Anmerkung: der vorläufige Gewinn des Jahres 2006 beträgt 1398 Mill. Take (20 Mill. US$)

Tabelle 7: Entwicklung der GRAMEEN-BANK (Datenquellen: GRAMEEN 2007)

Gemessen am BIP des Landes von 2005 mit 275.700 Mio. US$ (KKP) verlieh die Bank einen Anteil von 0,22 Prozent des BIP an Krediten. Mit dieser verhältnismäßig geringen Zahl erreichte sie aber etwa (je nach Datenquelle) 3,7 bis 4,2 Prozent der gesamten Bevölkerung des Landes, was etwa acht Prozent der unterhalb der NPL lebenden Menschen entspricht. Der Anteil dieser Bevölkerungsgruppe am BIP des Landes beträgt etwa 1,8 Prozent. Die Popularität der Bank ist insbesondere in den letzten Jahren, auch durch die Verleihung des Friedensnobelpreises 2006, stark gewachsen. Innerhalb der letzten Jahre gelang es, das Vertriebsnetz auf fast alle Dörfer des Landes auszuweiten.

4.2 Funktionsweise der Geschäftsidee: „Darlehen ohne Sicherheiten an Mittellose"

Zunächst vorab mit Blick auf das Bereitstellen von Versicherungsdienstleistungen unter BOP-Markt-Bedingungen eine wichtige Bemerkung: Es war YUNUS' Anspruch, herauszufinden, warum die Menschen unter extremer Hungersnot leiden und wie man wirksam dagegen steuern könne. Er wechselte in den 70er Jahren komplett die Perspektive und ging – wie er es formuliert – als Schüler an die „Universität des Lebens" an der die Professorinnen die Armen waren (SPIEGEL, P. 2006, S. 19). Er ging induktiv vor, führte unzählige Interviews und wertete Fallstudien mit Einzelschicksalen aus. YUNUS experimentierte und forschte nach Ursachen für Misserfolge. Vor allem aber der Wille, etwas zu tun, bewirkte den Erfolg. Er hat als Ökonom Antworten auf eine der Kernfragen der Armutsbekämpfung gefunden. Das Ergebnis war die Entwicklung eines der innovativsten Geschäftsmodelle, das unsere heutige Zeit kennt.

Der Erfolg dieser Innovation ist, gemessen an Umsatzzahlen oder Renditen konventioneller Banken der Industrieländer, eher marginal. Gleichwohl aber ist deren Zukunftswert herausragend. YUNUS hat es geschafft, einen absolut unzugänglichen Markt zu öffnen, über den sich Experten aus Wissenschaft und Ökonomie einig sind bezüglich des enormen Wachstumspotenzials und lange Zeit auch einig über die Unzugänglichkeit dieses Marktes waren. Das Prinzip, diesen Markt zu öffnen war: Umkehrung, einfach das Gegenteil tun. YUNUS hat betriebswirtschaftliche Regeln „auf den Kopf gestellt". Gleichwohl hat er nicht die Prinzipien von Wissenschaft und Marktwirtschaft in Frage gestellt. Im Gegenteil, er hat versucht, sie von konservativen Denkweisen zu befreien.

4.2.1 Die sechs Leitlinien des GRAMEEN-Kredites

Die Bank vergibt grundsätzlich vier Arten von Krediten: Darlehen für unternehmerische Investitionen (Zinssatz: 20 Prozent), Baudarlehen (acht Prozent), Bildungskredite für die Ausbildung der Kinder (fünf Prozent) und Leihgaben an Bettler (null Prozent).

Der Zins wird nach der "declining balance method" (Restwertabschreibung) berechnet. Zinseszins wird nicht berechnet. Die Schuld wird linear getilgt, d. h. „wenn eine Kreditnehmerin einen ... Kredit von bspw. 1.000 Taka innerhalb eines Jahres vollständig in wöchentlichen Raten zurückzahlt, zahlt sie insgesamt einen Betrag von 1.100 Taka zurück,... was einem effektiven Zins von 10 Prozent p.a. entspricht" (YUNUS 2007). Die gesamten nominellen Zinsen übersteigen jedoch 20 Prozent des Darlehensbetrages nicht.[14]

Eine Filiale der Bank ist personell mit einem Filialleiter und einigen Center-Managern besetzt. Diese betreuen etwa 15 bis 22 Dörfer. Zunächst suchen der Filialleiter und die Center-Manager die Dörfer auf, um sich mit den lokalen Gegebenheiten ihres Aufgabengebiets vertraut zu machen und klären die Bevölkerung über das Ziel, die Funktions- und Arbeitsweise der Bank auf. Während dieser ersten Schritte werden potenzielle Kreditnehmer identifiziert.

Das Kreditsystem der Bank besteht aus sechs Komponenten (vgl. GRAMEEN 2007):

1) Kunde der Bank kann nur werden, wer zu den Ärmsten der Armen zählt

Die Bank gewährt keine Kredite an Menschen, die nicht zu den Ärmsten gehören. Priorität haben Frauen als Darlehensnehmerinnen. Der Grund dafür ist ein Ergebnis der Marktforschung der GB. Frauen sind die zuverlässigeren Rückzahler und gehen verantwortungsvoller mit Geld um als Männer.

Ein Kredit wird nur für die Entwicklung bzw. Verbesserung der sozio-ökonomischen Situation der Kreditnehmer gewährt und steuert die Entwicklung der wirtschaftlichen Infrastruktur innerhalb der Gemeinschaft. Die Investitionen des Kreditnehmers müssen auf die Beschaffung von Produktionsmitteln zur Generierung von Einkommen gerichtet sein, also darauf, die eigene Ernährung bzw. die der Familie nachhaltig zu verbessern. Konsumkredite (wie etwa für die Anschaffung von TV-Geräten oder Radios) sind strikt verboten.

2) Kreditnehmer müssen in kleinen, homogenen Gruppen organisiert sein

Es werden Gruppen von fünf potenziellen Kreditnehmern gebildet. Sie sind verantwortlich für das Darlehen, haften oder bürgen aber nicht. Für die Rückzahlung ist der Kreditnehmer allein verantwortlich.

In der ersten Phase erhalten nur zwei Mitglieder einen Kredit. Die Gruppe wird einen Monat lang aufmerksam beobachtet, um festzustellen, ob sie die Regeln der Bank einhält. Nur wenn die ersten zwei Kreditnehmer den Kredit plus Zinsen zurückzahlen, haben die anderen Mitglieder der Gruppe selbst Anspruch auf einen Kredit. Ein Kredit wird nur bewilligt, wenn alle Mitglieder der Gruppe dem Vorhaben zustimmen. In der Gruppe werden Businesspläne

---

[14] Nach Scharia Regeln dürfte die GB keine Zinsen nehmen (Riba). Ihr überwiegender Kundenkreis ist islamischen Glaubens. In den Darstellungen über die GB wird aber stets von Zinsen gesprochen. Anzunehmen ist aber dennoch eine Scharia-Konformität der Bank.

zum Investitionsvorhaben gemeinsam besprochen und dann dem Bankberater vorgestellt. Diese Maßnahmen bewirken einen beachtlichen Gruppendruck. Sie sind der Schlüssel zur Kreditausfallsicherung. Sie werden sehr ernst genommen, weil sie das einzige Sicherungsinstrument sind. Zudem wird damit erreicht, dass Entscheidungen gemeinsam getroffen und deren Umsetzung überwacht wird. Als junge Unternehmer ist den Kreditnehmern vieles neu. Sie können voneinander aus Fehlern lernen und so ihre Unternehmung stärken und sich in der Gruppe gegenseitig unterstützen (vgl. SPIEGEL, P., 2006).

3) Arme erhalten speziell auf sie zugeschnittene Kreditkonditionen

Zu den Hauptkonditionen zählen:

- Kleinstkreditvergabe ohne materielle Sicherheiten, Kreditlaufzeiten in der Regel nicht länger als ein Jahr, wöchentliche Rückzahlungen;

- Strenge Überwachung und Gruppenverantwortlichkeit für den Kredit bzw. das Investitionsprojekt sowie völlige Transparenz gegenüber der Bank durch wöchentliche Rechenschaftslegung in öffentlichen „center-meetings";

- Spezielle verpflichtende und freiwillige Sicherungsvereinbarungen zur Minimierung des Kreditausfallrisikos, die in persönlichen Gesprächen zwischen Bankangestellten und Kreditnehmergruppe getroffen werden;

- Vergabe von Folgekrediten nur nach vertragsgemäßer Rückzahlung des vorangegangenen Darlehens (wobei bei temporärer Zahlungsunfähigkeit, z. B. aufgrund wirtschaftlicher oder gesundheitlicher Probleme auch „vertragsgemäße Rückzahlung" vorliegt). Nur wenn alle fälligen Kredite der Gruppe zurückgezahlt sind, erhält auch der nächste der Gruppe einen Kredit. Nicht nur die Bank, sondern die Gruppe übt Druck auf die Zahlungsmoral des Einzelnen aus;

- Bildung von freiwilligen und obligatorischen Rücklagen (fünf Prozent der Darlehenssumme werden in einen Gruppen-Fonds eingezahlt) um das Ausfallrisiko in Notlagen zu minimieren;

- Stirbt der Kreditnehmer, wird das Darlehen einschließlich der geschuldeten Zinsen erlassen, da in den monatlichen Raten eine Todesfallkreditabsicherung integriert ist. Die Hinterbliebenen erhalten 5.000 Taka (70 US$) ausgezahlt.

4) Gleichzeitige Entwicklung des sozialen Gefüges der Kreditnehmer

Hierfür wurden 16 Regeln aufgestellt, nach denen die Kreditnehmer zukünftig leben und arbeiten sollen. Diese Regeln beziehen sich auf die Verbesserung des sozialen und gesellschaftlichen Miteinanders (vgl. Tabelle 8).

1. Wir werden die vier Prinzipien der GRAMEEN-BANK respektieren und anwenden: Disziplin, Einheit, Mut und harte Arbeit in allen Bereichen unseres Lebens.	9. Wir werden Abortgruben ausheben und benutzen.
2. Wir werden unseren Familien zu Wohlstand verhelfen.	10. Wir werden Wasser aus sauberen Brunnen trinken. Ansonsten werden wir das Wasser abkochen oder mit Alaun desinfizieren.
3. Wir wollen nicht in einer verfallenen Unterkunft wohnen. Wir werden unsere Häuser instand halten und bestrebt sein, so schnell wie möglich neue zu bauen.	11. Wir werden für unsere Söhne keine Mitgift verlangen, so wie wir unseren Töchtern auch keine mitgeben werden. Die Mitgift ist in unseren Zentren verboten. Wir widersetzen uns der Verheiratung von kleinen Kindern.
4. Wir werden das ganze Jahr über Gemüse anbauen. Wir werden viel davon essen und die Überschüsse verkaufen.	12. Wir werden keine Ungerechtigkeiten begehen und uns denen widersetzen, die welche begehen wollen.
5. Während der Pflanzperiode wollen wir so viele Setzlinge wie möglich pflanzen.	13. Wir werden gemeinsam höhere Investitionen vornehmen, um größere Einkommen zu erzielen.
6. Wir werden darauf achten, wenige Kinder zu haben. Wir wollen unsere Ausgaben einschränken und auf unsere Gesundheit achten.	14. Wir werden immer bereit sein, einander zu helfen. Wenn jemand in Schwierigkeiten gerät, wollen wir ihm alle gemeinsam helfen.
7. Wir wollen für eine schulische Ausbildung unserer Kinder sorgen und die Mittel bereitstellen, um eine solche Ausbildung zu ermöglichen.	15. Wenn wir erfahren, dass die Disziplin in einem Zentrum missachtet wird, so werden wir hingehen, um sie wiederherzustellen.
8. Wir werden auf die Sauberkeit unserer Kinder wie auch der Umwelt achten.	16. Wir werden körperliche Ertüchtigung in unseren Zentren durchführen. Wir werden gemeinsam an allen gesellschaftlichen Aktivitäten teilnehmen.

Tabelle 8: Die 16 Regeln der GRAMEEN BANK (Quelle: GRAMEEN 2007)

Diese Regeln wirken befremdlich, fast bevormundend, sollen aber keineswegs entmündigen. Sie sind ein wesentlicher Bestandteil des Gesamtkonzeptes und von den Kreditnehmern entwickelt worden. Man muss sich aber darüber bewusst sein, dass Bangladesch ein Land ist, indem bspw. Menschenrechte eine stark untergeordnete Rolle spielen, da die Armut das Leben dominiert. Politische Auseinandersetzungen werden häufig von Gewaltausübungen begleitet. Kinder erhalten nur selten Bildung, sondern werden als Form der Alterssicherung angesehen und müssen zum Lebensunterhalt beitragen. Mitgift wird als Einkommensquelle gesehen, Kindesheiraten sind zwar verboten, aber weit verbreitet. Frauen dürfen nur das essen, was Männer ihnen übrig lassen und sind häufig der Gewalt der Männer ausgesetzt (vgl. u. a. AI 2007; Evers 2007, NETZ 2001).

Die Befolgung der sozialen Regeln hat nicht nur Auswirkungen auf das gesellschaftliche Leben innerhalb eines Dorfes. Dieses neue Miteinander ist wesentlich dafür verantwortlich, dass Betrug oder Unterschlagung mit dem geliehenen Geld als „Schande" gesehen und von der Gemeinschaft geächtet wird (vgl. SPIEGEL, P. 2006). Im Gruppendruck ist die Hauptursache für die erfolgreichen Rückzahlungsquoten zu suchen (KROPP 2001). Ausschluss aus der Gruppe kann – und dessen sind sich die Kreditnehmer sehr bewusst – fatale Folgen im Kampf um das Überleben haben, sodass die Kreditnehmer große Anstrengungen unternehmen, Teil der Gruppe zu bleiben.

5) Gestaltung und Entwicklung von Organisations- und Managementsystemen

Das praktische Geschäft der Kreditvergabe ist ein permanenter Lernprozess. Es muss immer wieder nach dem Prinzip „trial and error" ausprobiert und angepasst werden. Dabei legt die Bank besonderen Wert auf ein hochmotiviertes und professionell ausgebildetes Team.

Der Vorteil ist, dass Entscheidungen und Handlungsvollmachten der Bank so dezentralisiert und Verwaltungstätigkeiten in die regionalen unteren Ebenen delegiert werden können. Damit ist die Bank vor Ort mit kompetenten Entscheidungsträgern vertreten und kann gemäß den Bedingungen des BOP-Marktes schnell unbürokratische Entscheidungen treffen.

6) Erweiterung des Kreditangebotes

Wenn das allgemeine Kreditprogramm innerhalb eines Dorfes stabil läuft und die Kreditnehmer mit der Kreditdisziplin vertraut sind, greifen umfangreichere Kreditprogramme, um den wachsenden sozialen und ökonomischen Ansprüchen gerecht zu werden.

Entscheidend bleibt, dass es sich um Investitionen zur Verbesserung der Lebenslage der Armen handeln muss. Diese Kredite können z. B. sein:

- Bildungskredite,
- Kredite zum Bau/Ausbau von Wohnstätten,
- Kredite zur Errichtung sanitärer Einrichtungen,
- Kredite zur Installation von Rohrbrunnen, die Trinkwasser liefern und Gärten bewässern,
- Kredite für saisonale Bewirtschaftung um landwirtschaftliches Material zu kaufen,
- Kredite zur Ausleihe von Ausrüstung und Maschinen oder bspw. für den Kauf von Mobiltelefonen oder
- Größere Finanzprojekte, die von der gesamten Familie eines erfahrenen Kreditnehmers ausgeführt werden.

Das Studium des Kreditvergabesystems zeigt, dass YUNUS nicht alle betriebswirtschaftlichen Regeln „auf den Kopf gestellt" hat. Er hat nur zwei äußerst wichtige Marktbedingungen des BOP-Marktes berücksichtigt und mit dem Produkt „Kredit" kombiniert: (i) Alternative Instrumente zur Sicherung der Rückzahlung und (ii) Bereitstellung kleiner Darlehenssummen.

Die alternativen Sicherungsinstrumente sind: Erziehung der Kreditnehmer zur Zahlungsmoral, Bereitstellen von ökonomischem know-how für die „social entrepreneurs" seitens der Bank sowie eine wirtschaftliche Unabhängigkeit der Bank selbst.

4.3 Unterschiede zu konventionellen Kreditsystemen

Es gibt essentielle Unterschiede zum konventionellen Bankensystem. Diejenigen, die nichts besitzen, genießen höchste Priorität bei Entscheidungen über eine Kreditvergabe. Nicht das Eigentum der Person, sondern deren Leistungspotenzial wird beurteilt. Dies ließe sich in etwa damit vergleichen, dass die Bank die erwarteten zukünftigen Zahlungsrückflüsse aus dem vorhandenen Humankapital (Arbeitskraft und Bereitschaft zum Engagement) eines Kreditnehmers in Kombination mit dem monetär bewertbaren Investitionsvorhaben beurteilt (vgl. YUNUS 2007).

Auch Bettler erhalten eine spezielle Aufmerksamkeit. Hierfür legte die GB im Jahr 2003 ein spezielles Programm auf, mittels dessen Bettler in die Lage versetzt werden sollen, nicht mehr von Haus zu Haus zu ziehen, sondern durch Handel mit Waren ein "würdigeres" Einkommen zu erzielen (vgl. ebd.).

Insbesondere Frauen sind die eigentliche Zielgruppe für die Finanzdienstleistungen der Bank. Frauen verfügen über bessere Managementfähigkeiten als Männer, weil sie neben dem Mann noch ihre Kinder und sich selbst ernähren müssen und zudem zumeist den Haushalt führen. Sie würden bei Zahlungsunfähigkeit die Existenz ihrer Familie und die der Gruppenmitglieder gefährden. Gelingt das Unternehmen, erreichen sie zudem mehr Unabhängigkeit von und eine stärkere Position gegenüber ihrem Mann (vgl. u. a. YUNUS 2007, SPIEGEL, P. 2006). Genau genommen dürfte das Ausfallrisiko für die Bank weit geringer sein als das konventionelle Banken beurteilen würden. Die Rückzahlquoten sind der empirische Beweis.

Der Umgang mit Zahlungsverzug unterscheidet sich wesentlich von konventionellen Systemen. Es wird nicht nur auf Sicherheiten in Sachwerten verzichtet, sondern auch auf die Gerichtsbarkeit oder Pfändungsvereinbarungen. Den Schuldnerinnen ist es erlaubt, die Rückzahlungsmodi in Absprache zu ändern, ohne ihnen das Gefühl zu geben, Fehler gemacht zu haben, da sie (aus Sicht der Bank) auch keine Fehler gemacht haben. In den Planungen des Investitionsprojektes war die Bank dabei und hat den Kredit bewilligt. Zahlungsverzug bedeutet ein Alarmsignal. Das Investitionsprojekt muss neu beurteilt und Hilfe geleistet werden (vgl. YUNUS 2007).

Üblich in konventionellen Systemen ist, dass die Kunden in die Bank gehen und um Kredite bitten. Am BOP-Markt ist das anders. Es ist davon auszugehen, dass die Kunden relativ wenig mobil sind und mit einiger räumlicher Distanz zu den urbanisierten Wirtschaftszentren wohnen. Daher errichtet die GB Filialen direkt in Entwicklungsgebieten. In der informellen Wirtschaft kennen geringverdienende Haushalte in der Regel keine Bankgirokonten bzw. es gibt für diese Menschen keine Möglichkeit, ein solches einzurichten. Wöchentlich besuchen ca. 18.000 Mitarbeiter der Bank die Kunden persönlich mit Fahrrad-Rikschas, Mopeds oder zu Fuß, informieren sich in den „center-meetings" über die Verwendung der Mittel und den Erfolg der „social entrepreneurs" und sammeln die wöchentlichen Kreditraten in bar ein (vgl. SCHÖDER 2006, Nr. 10).

4.4 Übertragbarkeit des Systems GRAMEEN

Der empirische Beweis für die Funktionsfähigkeit eines Kreditsystems für Arme, ist der Erfolg des Systems selbst. Es ist übertragbar auf andere Problemregionen. Selbst in aussichtslosesten Gegenden greift das System. Als Beispiel sei die Entstehung der CASHPOR genannt. Sie ist eine Kleinstkreditbank, die 1997 von DAVID GIBBONS in Uttar Pradesh gegründet wurde. Das ist eines der ärmsten und von Korruption geprägtesten Gebiete in Nord-Indien.

Die Menschen in diesem Gebiet standen dieser Institution äußerst skeptisch gegenüber und lehnten Mikrokredite anfangs ab. CASHPOR sei wiederum nur eine der vielen Banken, die die Armen in die finanzielle Abhängigkeit treiben wolle. Sie waren ebenso wie in Bangladesch dem System der Wucherzinsen ausgeliefert. Die Zahlungsunfähigkcit gegenüber den Geldverleihern brachte Schuldknechtschaften und andere Formen der modernen Sklaverei hervor. Das Kastensystem existierte in „seiner brutalsten Form" (SPIEGEL, P. 2006, S. 121). Entwicklungskredite der Regierung versickerten regelmäßig bei denen, die sie zuteilen sollten. Bei den Ärmsten kam das Geld nie an (ebd.).

Das System GRAMEEN funktionierte auch hier. Im November 2006 hatte das Unternehmen eine Reichweite von 199.715 Mitgliedern. Der Anteil der Frauen beträgt 100 Prozent, die Rückzahlungsquote 97,31 Prozent (CMC 2006). Wichtig war aber, dass die Regeln des Systems konsequent eingehalten und an die Kreditnehmer kommuniziert wurden. Essenziell war vor allem, dass (i) der Focus auf den Armen und darunter Frauen lag sowie (ii) die Maßnahmen zur Sicherung der Kreditrückzahlungen mit strikter Härte verfolgt wurden. Erst durch das Entwickeln eines Bewusstseins darüber, dass die Mikrokredite eine echte Chance zum Ausweg aus der Armut sind, kann das Risiko des moral hazard minimiert werden.

5 Vom Mikrokredit zur Mikroversicherung

5.1 Versicherungsprodukte von Mikrofinanzinstituten

5.1.1 Ausgangslage: Bedarf zur Absicherung eines Mikrokredites

Angenommen, eine Gruppe von Armen hat sich zur Verbesserung der Lebenslage dazu entschlossen, in Milchproduktion zu investieren. Unterstellt sei, dass der Kauf von einigen Milchkühen durch einen Mikrokredit finanziert werden kann. Die Instrumente zur Sicherung der Zahlungsmoral können wirksam durchgesetzt werden. Ziel sei es, zunächst den Eigenbedarf der Gemeinschaft zu decken. Aus den Erlösen der Mehrproduktion soll der Kredit getilgt und der Zins gezahlt werden. Die Investition wird nur erfolgreich sein, wenn kein Schadensereignis eintritt *oder* aber die Investition gegen Risiken aus Schadensereignissen (z. B. Verlust der Kühe durch Naturereignisse, Krankheiten, Diebstahl etc.) bzw. Risiken des Investors (z. B. Unfall, Krankheit oder Tod) geschützt ist.

Wird der Milchkuhbestand bspw. durch einen Hurrikan oder eine Epidemie vernichtet, ist die Investitionsgemeinschaft ohne Absicherung in zweifacher Hinsicht geschädigt: (i) Der Zustand der Unterversorgung wird erreicht und (ii) die Möglichkeit, einen Folgekredit aufzunehmen ist schlechter, weil die Gemeinschaft bereits verschuldet ist. Hat sich die Gemeinschaft jedoch gegen das Risiko des Verlustes der Kühe abgesichert, kann der Zustand vor Eintritt des Schadens relativ schnell wieder hergestellt werden (vgl. Abb. 6).

Anhand dieses Beispiels wird schnell deutlich, dass das Kreditausfallrisiko der Bank mehr umfasst, als nur die mangelnde Zahlungsmoral oder das ökonomische Scheitern des Investitionsprojektes. Die Investition ist durch biometrische- und Sachrisiken gefährdet.

5.1.2 Möglichkeiten zur Absicherung versicherbarer Ausfallrisiken eines Mikrokredites am Beispiel der GRAMEEN-Bank

Mikrokreditkunden haben zwar nun Zugang zu den ersten Mitteln zum Ausbruch aus der Armutsfalle, sie sind aber weiterhin sehr vulnerabel. Die MFIs sind aus eigenem Interesse dafür verantwortlich, den Kunden nun auch einen Zugang zu Möglichkeiten des Risikotransfers zu ermöglichen. Es ist auch Teil des Risikomanagements der Bank, weitere Ausfallrisiken zu minimieren.

Formen der Absicherung von Kreditnehmern existieren bereits. Sie werden mit Krediten „verlinkt". Am häufigsten verbreitet sind Todesfallabsicherungen (sog. „credit life"-Produkte). Daneben gibt es mit Mikrokrediten kombinierte Formen von Beerdigungskostenbeihilfen, Arbeits- bzw. Erwerbsunfähigkeits- und Krankheitsabsicherungen oder Schutz vor katastrophalen Naturereignissen (vgl. CHURCHILL 2006, S. 116-118).

Diese Art von Versicherungen lassen sich relativ einfach und kostensparend verkaufen, weil beim Vertrieb gleich beide Verträge (auch als Bündel) platziert werden können. Vor allem können die Prämien zusammen mit den Darlehensraten eingezogen werden. Es werden Transaktionskosten gespart. Zudem ist die Wahrscheinlichkeit sehr hoch, liquide Kunden zu erreichen. Weil die Bank den Erfolg des Investments überwacht, ist damit zu rechnen, dass die Versicherungsprämien auch tatsächlich gezahlt werden können, weil die Kunden Einkommen erwirtschaften.

Die GB hat bspw. eine Todesfallabsicherung an die Kreditvergabe gekoppelt (vgl. Kap. 4.2). Diese wird über die Bildung von Rücklagen in einem Fonds für Notfälle („emergency fund") finanziert. Die Mitglieder zahlen fünf Taka je 1.000 geliehenen Taka in diesen Fonds ein.

Daneben gibt es weitere Sicherungsprogramme für die Kreditnehmer. Die GB bietet eine Absicherung für Milch- und Schlachtkühe an. Stirbt die kreditfinanzierte Nutzkuh vor Ende des Nutzungszweckes, wird die Hälfte der Restforderung erlassen. Zudem werden Impfungen und Schulungen in der Nutztierhaltung von der GB bezahlt[15] (GDRC 2000). Der Teil der nicht erlassenen Restforderung (50%) stellt eine Art Selbstbehalt dar.

Ähnliche Programme gibt es für das Anlagenleasing. Darunter fallen kleinere Maschinen und Landwirtschafsgeräte. Das Leasing ist in der Regel auf maximal drei Jahre angelegt. Im Falle der Zerstörung der Anlage aufgrund von Naturereignissen oder Unfall werden 50 Prozent der Restforderung erlassen. Wenn das Objekt reparierbar ist, wird der Restwert ermittelt. Der Kunde kann die Anlage veräußern oder den Versicherungsschutz in Anspruch nehmen (GDRC 2000).

Beim Nutzfahrzeugleasing werden z. B. motorisierte Rikschas oder Kleinbusse finanziert. Die GB hat keine Lizenz als Kraftfahrzeugversicherer und kann diesen Service ihren Kunden nicht bieten. Diese Versicherungskomponente wird an einen regulären Versicherer transferiert, bei dem spezielle Prämienrabatte ausgehandelt worden sind (ebd.).

Gewöhnlich benötigten die Mitglieder der GB etwa fünf Jahre, um die Armutsgrenze zu durchbrechen. Jedoch hatten etwa 20 Prozent der Kunden diese nach über zehn Jahren

---

[15] Kühe werden über eine Art Miet- bzw. Pachtmodell finanziert. Zehn Prozent der Zahlungsraten werden in einem Fonds gesammelt, aus dem die Impfungen und Schulungen zur Nutztierhaltung finanziert werden. Weitere zehn Prozent werden in einem Fonds zur Absicherung der Todesfälle der Tiere einbehalten (vgl. GDRC 2000).

Mitgliedschaft immer noch nicht überwunden. Ein Grund dafür waren Krankheiten. Der Zugang zu professioneller medizinischer Betreuung ist ihnen nicht möglich. Die Präventionsmaßnahmen der „16 decisions" genügten nicht (vgl. Kap. 4.2). Nach einer eigenen Studie der Bank war Krankheit in 44 Prozent der Fälle der Grund für Zahlungsschwierigkeiten. Darunter waren zu 70 Prozent ansteckende Krankheiten die Hauptauslöser. 1990 startete die Bank Pilotprojekte, die sich mit der Problematik der Krankheitsversorgung der Mitglieder befasste. GRAMEEN KALYAN (Gesundheit) heißt die daraus entstandene Tochter der GB (GDRC 2000).

Das Konzept besteht aus zwei Komponenten. Es wurde (i) eine eigene medizinische Infrastruktur aufgebaut. Alle acht Kilometer befindet sich ein Gesundheitszentrum, das von einem Arzt geleitet wird und in dem vier medizinische Mitarbeiter angestellt sind. Von diesen Centern aus wird die Versorgung mit ärztlichen Leistungen ermöglicht. Eine Hauptaufgabe ist es Aufklärungsarbeit zu leisten und Gesundheitsvorsorgemaßnahmen durchzuführen (GDRC 2000). Diese zielen insbesondere auf die Durchsetzbarkeit der „16 decisions" (vgl. Kap. 4.2.1) der GB ab.

Die zweite Komponente nimmt die Bankkunden in die Verantwortung. Sie müssen eine Jahresprämie zwischen 50 und 120 Taka zahlen. Dafür erhalten sie bestimmte Leistungen kostenfrei. Das sind bspw. Impfungen, Aufklärungsarbeiten, Familienplanungsberatung und Gesundheitserziehung. Bestimmte Leistungen, wie Arztbesuche oder Medikamente erhalten sie vergünstigt. Zusätzlich wurde aber auch Nicht-Bankkunden die Möglichkeit eröffnet, der GRAMEEN KALYAN beizutreten. Diese zahlen geringfügig höhere Beiträge und können dann dieselben Leistungen wie die GB-Mitglieder beanspruchen (GDRC 2000).

Den Mitgliedern wurden seitens der Bank Versicherungsleistungen angeboten. Zu nennen sind die Absicherungen beim Todesfall des Kreditnehmers und die für Investitionsobjekte (Kühe, Anlagen und Kraftfahrzeuge). Finanziert werden diese Absicherungen über Sicherungsfonds bzw. Rücklagenfonds. Mit dem Unternehmen GRAMEEN KALYAN begann die GB erstmalig, sich vom klassischen Kerngeschäft des Kredites zu lösen. Bemerkenswert ist, dass sich die GB im reinen Versicherungsgeschäft engagierte und nunmehr auch Nicht-Mitglieder versicherte.

5.2 Vulnerabilität der Mikrofinanzinstitutionen

5.2.1 Problemfeld: Risikomanagement im operativen Geschäft

Das MicroInsurance Center beobachtet eine Tendenz, dass MFIs zunehmend auch „risikoreichere" Produkterweiterungen entwickeln. Diese Tendenz lässt sich am Beispiel der GB aufzeigen. Es wird davor gewarnt, da es insbesondere problematisch ist, wenn MFIs solche Produkte aus sozialen oder altruistischen Motiven übereilt anbieten. Diese Aktivitäten können negative Folgen auf das Kerngeschäft der MFIs haben. Sie können schnell die noch sehr sensiblen Systeme gefährden. Es gibt erst relativ wenige MFIs, die finanziell stabil bzw. unabhängig arbeiten (McCord 2003).

Es ist problematisch, wenn MFIs Versicherungsproduktlinien entwickeln, um damit den cash flow eines zu schwach entwickelten Kreditgeschäfts zu erhöhen. Eine solche Strategie gefährdet sowohl das Versicherungs- als auch das Mikrofinanzgeschäft. McCord (2003) führt hierfür vier Gründe an:

(i) Versicherung ist nicht nur ein anderes Finanzprodukt. Das Geschäft unterscheidet sich wesentlich in seinen Eigenschaften, Anforderungen und der Praxis einschließlich der Risikomanagementtechniken und den analytischen Verfahren.

(ii) Es ist gefährlich, beide Geschäfte zu mixen. In den USA war es Banken lange Zeit gesetzlich verboten Versicherungsprodukte anzubieten. Das wurde damit begründet: "Verluste aus dem Nicht-Bankgeschäft würden das Bankgeschäft negativ beeinflussen und gefährden in viel höherem [Maße] das Einlagengeschäft" (übers. n. McCord. 2003). In der heutigen Praxis ist eine Separation und damit das Controlling der beiden Geschäftslinien innerhalb eines Unternehmens besser möglich. Zudem sind die Märkte stark reguliert. Die Arbeit von MFIs und NGOs ist aber in der Regel wenig oder nicht reguliert. Sie verfügen über ein begrenztes know-how, gerade im Bereich des Versicherungswesens. Ihre Eigentumsverhältnisse sind teilweise ungeklärt und ihr eigenes Risikomanagement ist nicht ausgereift (ebd.). Möglicherweise versichern diese Organisationen Risiken, die sie nicht zu beherrschen in der Lage sind.

(iii) In ein neues Geschäftsfeld einzutreten, ohne Markt- und Risikoanalysen (gerade im Bereich der Versicherung) ist wider der ökonomischen Rationalität. Es ist teilweise zu beobachten, dass MFIs Regeln von Markteintrittsprozessen (angefangen von der Bedarfs- bzw. Nachfrageermittlung über die Produktentwicklung bis hin zur Preisbildung) verletzen. Wenn MFIs zu voreilig oder auf Drängen von NGOs Versicherungen anbieten, konterkariert dies die Idee des BOP-Marktes und führt zu einer Schieflage des Leistungssystems. Die Armen, nicht die Geldgeber, sind die Zielgruppe des BOP-Marktes.

(iv) Regulierungen, Aufsichten und Kontrollen sind ebenfalls zu beachtende, wichtige Faktoren. Es werden aber nur einige MFIs institutionell hinsichtlich ihrer Bankaktivitäten überwacht, die überwiegende Mehrheit nicht. Versicherungsrisiken ohne Genehmigung zu halten sind rechtwidrig.

Zudem ist das Risiko der adversen Selektion sehr hoch. So startete bspw. ein MFI in Indien im Jahr 2003 ein Lebensversicherungsprodukt mit einem einstufigen bzw. einheitlichen Prämiensystem für alle Kunden. Die GTZ unterstützte das Projekt anschließend beratend und zeigte dem MFI auf, dass das Projekt binnen weniger Jahre in den Ruin führen würde (vgl. CHURCHILL 2006, S. 239). Das MFI hatte mit dieser Produktlinie offensichtlich Sterbetafeln, geschlechtliche und regionale Besonderheiten nicht beachtet.

Allgemein sollte die Preisgestaltung von MI-Produkten eher den Versicherern überlassen werden. Das Beispiel der GB zeigt zwar, dass bestimmte Versicherungsangebote erfolgreich sind, aber es ist nicht zu vernachlässigen, dass die Höhe der Anteile der einbehaltenen Reserven für die einzelnen Absicherungslinien eher dem Prinzip „trail and error" überlassen worden sind. Für bestimmte Risiken konnte die GB keinen Schutz bieten, weil sie keine Zulassung als Versicherer hatte.

5.2.2 Problemfeld: Risikomanagement des Anbieters

Bangladesch ist ein Land, das von vielen Großschadenrisiken betroffen ist. Die Flut von 1998 forderte im Verhältnis zu anderen Katastrophen fast keine Menschleben (vgl. Kap. 3.2). Das Problem war aber, dass fast 25 Mio. Menschen obdachlos wurden und eine enorme Zahl an Sachschäden entstand. Die GB hatte gegen Ereignisse in einem solchen Umfang keine Vorkehrungen getroffen. Das Management tat das einzig Mögliche zur Bewältigung der Schäden. Infolge der Katastrophe wurden Hilfsgelder gespendet und staatliche Mittel zur Verfügung gestellt. Die GB setzte sich mit den zuständigen Behörden und Organisationen in Verbindung und übernahm quasi als Hilfsorganisation die Koordination und Durchführung der Nothilfe. Die Kreditrückzahlungen wurden ausgesetzt (vgl. SPIEGEL, P., S. 76). Die GB nahm bei der Zentralbank des Landes einen Kredit von zehn Mrd. Taka sowie zwei Mrd. bei kommerziellen Banken auf. Das Geld wurde benötigt, um neue Darlehen an Kreditnehmer zu vergeben, die in der Flut einen Großteil ihres Besitzes verloren hatten[16] (vgl. GRAMEEN 2007).

Bei genauer Betrachtung hat sich die GB in diesem Schadensfall nicht anders verhalten, als die Armen selbst. Die Strategie zur Bewältigung des Schadens war, sich zu verschulden und auf Spenden angewiesen zu sein. Das Akquirieren von Fremdkapital ermöglichte, dass nach dem Schock eine Besserung eintreten konnte. Was aber hätte die Bank im Falle von einem zeitlich kurz darauf eintretenden zweiten Schadensereignis getan? Dieses hätte bei dem hier vorliegenden Ausmaß auch den Ruin der GB bedeuten können (vgl. Abb. 6).

In Bangladesch ereignen sich regelmäßig Naturkatastrophen. Der Bedarf an Risikotransfer ist enorm hoch. Möglichkeiten hier sind z. B. die Einrichtung von Sicherungsfonds seitens der Bank oder bspw. der Einsatz von Formen des alternativen Risikotransfers (ART), um das Kreditausfallrisiko zu minimieren (vgl. SWISSRE 2003). Über diese Möglichkeiten könnten Darlehensausfälle einer betroffenen Region finanziert werden. Wären die Kunden versichert gewesen, hätte das Ruinrisiko der Bank erheblich gemindert werden können.

5.3 Defizite reiner „credit-linked" Versicherungen

Die Versicherungen bringen sowohl den Kreditnehmern als auch den MFIs einen beiderseitigen Nutzen. Die MFIs sichern sich gegen das Ausfallrisiko ab und die Armen dagegen, dass sie nach einem Schadensereignis nicht verschuldet sind und ihnen die Perspektive zum Armutsausstieg erhalten bleibt.

Wenn eine aber Bank nur Versicherungen verkauft, die mit Krediten verbunden sind, liegt die Gefahr nahe, dass die Produkte eher der Bank als den Kunden Vorteile bringen. Was ist, wenn kein Kredit mehr in Anspruch genommen wird? Bündelprodukte haben gegenüber dem reinen Versicherungsprodukt den Nachteil, dass es für die Armen schwierig ist einzuschätzen, warum sie mit den Darlehensraten gleichzeitig eine Versicherungsprämie zahlen. Nicht selten wissen die meisten Kreditnehmer dies nicht einmal. Das kann zur Folge haben, dass sie nach Beendigung keinen weiterführenden Versicherungsschutz beantragen.

Das Beispiel der Lebensversicherungen veranschaulicht gravierende Problembereiche:

(i)   Die Todesfallabsicherung endet mit dem Auslaufen des Darlehens. Wird kein Folgekredit aufgenommen, ist auch kein Todesfallschutz mehr vorhanden.

---

[16] Die Nach-Flut-Kredite sind nach Angaben der GB zurückgezahlt worden (GRAMEEN 2007).

(ii)   Die GB bietet einen relativ umfangreichen Todesfallschutz. Andere MFIs leisten unter
        Umständen nicht an die Hinterbliebenen, sondern erlassen nur die Restforderung. Die
        Betroffenen sind nach dem Tod des Kreditnehmers zwar schuldenfrei, aber die finanzi-
        ellen Folgen des Verlustes sind größer. Es fehlt ein Familienmitglied und damit ein Er-
        nährer. Bei einem Versicherungsprodukt wird eine fest vereinbarte Zahlung an die Hin-
        terbliebenen, unabhängig vom Eintrittszeitpunkt des Schadens geleistet.

(iii)   Die Todesfallabsicherung bezieht sich ausschließlich auf das Individuum. Stirbt ein
        anderes Familienmitglied, erfolgt keine Schadenszahlung. Dessen Tod gefährdet die
        Einkommenssituation der Familie in gleichem Umfang, wie der des Kreditnehmers.

(iv)   Die Kreditgebundenheit von reinen „credit life"-Produkten benachteiligt Nicht-
        Kreditnehmer. Tagelöhner bspw., die auch einen Bedarf an Hinterbliebenenabsicherung
        haben, werden als mögliche Zielgruppe nicht erreicht.

Mikrokredite, bei denen nur der Todesfall abgesichert wird, haben zusätzliche Nachteile:

(v)   Das Kreditausfallrisiko wird durch andere biometrische Risiken, wie Krankheit oder
        Erwerbsunfähigkeit des Kreditnehmers, zusätzlich bestimmt. Das Absichern weiterer
        Risiken wird ebenfalls benötigt. Das zeigt z. B. die Studie der GB (vgl. GDRC 2000).

(vi)   Das Investitionsobjekt selbst ist nicht abgesichert.

5.4 Erfahrungen der DELTA LIFE INSURANCE

Die Mikroversicherungsprodukte „GRAMEEN BIMA" und „GONO BIMA"

Die DELTA LIFE INSURANCE COMPANY (DELTA LIFE) wurde 1986 in Bangladesch gegründet.
Sie ist ein reiner Versicherer. Ihre Zielgruppe sind primär mittlere und höhere Einkommens-
schichten des Landes.

Inspiriert durch den zunehmenden Erfolg und das Engagement der GB und anderer MFIs
legte das Unternehmen im Jahr 1988 ein Lebensversicherungsprodukt („endowment") mit
dem Namen: GRAMEEN BIMA (übersetzt „Dörfliche Versicherung") für die Armen des Landes
in ländlichen Regionen auf. Im Vertrieb arbeitete das Unternehmen zunächst mit einer
Mikrokredit-NGO zusammen, musste diese Partnerschaft jedoch aufgrund unterschiedlicher
Zielvorstellungen aufgeben. Die NGO war eher an der Kreditvergabe interessiert, als an der
Einführung von Versicherungen (MCCORD/CHURCHILL 2005).

Weiterhin entwickelte die DELTA LIFE ein ähnliches Produkt mit Namen „GONO BIMA" für
urbane Gebiete. Die Zielgruppe waren Arme in städtischen Slums. Nach dem Scheitern der

Zusammenarbeit mit der NGO baute die DELTA LIFE ein eigenes Vertriebsnetz auf. Das Unternehmen war der erste Versicherer, der von Beginn an ohne Subventions- oder Spendengelder in den Markt eintrat und eintreten wollte (MCCORD/CHURCHILL 2005).

Erweiterung des Geschäftsfeldes auf die Kreditvergabe

1991 entwickelte das Unternehmen eine Geschäftsidee: Die Produktpalette wurde um das Kreditgeschäft erweitert. Das Ziel war es, die Kunden durch Mikrokredite besser zu stellen und dadurch Einnahmen aus dem Kreditgeschäft zu erzielen und zusätzliche Einnahmen im Versicherungsgeschäft zu generieren. Hauptanlass war, dass den Kunden die Zahlung ihrer Prämien erleichtert werden sollte. Das Ergebnis war katastrophal. Die Rückzahlungsquoten der Darlehen betrugen etwa 50 Prozent (vgl. MCCORD/CHURCHILL 2005). Ab Mitte bis Ende der 90er Jahre verzeichnete das Unternehmen jedoch ein erstaunliches Wachstum. Der Verkauf der Produkte „GONO" und „BIMA" bewirkte eine Steigerung des Policenbestandes von 40.000 (1994) auf 450.000 Policen (1998).

Krise der Mikroversicherungssparte

Ende der 90er Jahre stellte das Unternehmen jedoch fest, dass sich die Gewinne aus dem Geschäft nicht adäquat zu den Umsatzsteigerungen entwickelten. Gründe hierfür waren Ineffektivität in der administrativen Organisation und das Kreditgeschäft (vgl. MCCORD/ CHURCHILL 2005). Im Jahr 2002 traf das Unternehmen zunächst die Entscheidung, die Produkte „GONO" und „BIMA" in ein Non-Profit-Unternehmen auszugliedern. Inspiriert aus Gesprächen mit dem Gründer der GB entschied sich das Management, die Idee der Versicherung für Arme in Bangladesch nicht völlig fallen zu lassen. Die Gesellschaft ist inländischen Ursprungs und damit der Kultur und der Not des Landes sehr verbunden (vgl. ebd.). Der Geschäftsbericht ein Jahr später zeigte aber, dass MI-Produkte zum Erfolg des Unternehmens beitragen können. Die Entscheidung der Ausgliederung wurde revidiert und vielmehr das bestehende System hinsichtlich seiner ineffizienten Arbeitsweise reorganisiert (vgl. ebd.).

Interventionsmaßnahmen

Die wesentlichen Veränderungen betrafen interne Strukturen der Kommunikation, der Informationssysteme und des Controlling. Administration, Verkauf und Service wurden getrennt und Entscheidungsbefugnisse z. B. über die Antragsannahme dezentralisiert. Die Produkte „GONO" und „BIMA" wurden in einen Geschäftsbereich überführt. Das System des Prämieninkassos wurde flexibilisiert. Das Kreditprodukt wurde abgeschafft (vgl. ebd.). Durch diese Maßnahmen konnten Kostenvorteile aufgrund der Zusammenlegung der Produktlinien im administrativen Geschäft erreicht werden. Im Jahr 2004 (September) führte das Unternehmen einen Bestand von etwa 1,9 Mio. Kunden. Allerdings wirken sich bis heute die anfänglichen Fehler im Aufbau des Produktes immer noch aus. Etwa 57 Prozent der bestehenden Verträge sind inaktiv (CHURCHILL, 2006. S. 157).

Dieses unbefriedigende Ergebnis ist auf eine anfängliche Distanz von Kundenbedürfnis und Produkt zurückzuführen: Das Prämienzahlungssystem war zu unflexibel, weil es nicht die volatile Einkommenssituation der Armen berücksichtigte. Auch in der Schadensabwicklung gab es Defizite. Wenn ein Schadensfall eintritt, ist es wichtig, dass der Versicherer schnell und unbürokratisch die Ansprüche prüft. Dieser Prozess dauerte zu lange und wurde durch administrative Gegebenheiten gehemmt. Ähnliches galt für den Prozess der Risikoprüfung. Zudem empfanden viele Kunden, dass sie nicht das, was sie ursprünglich dachten, auch gekauft hatten. Außerdem wusste der Außendienst nicht, wie man die Zahlung einer wöchentlichen Prämie motivieren bzw. organisieren kann (vgl. MCCORD/CHURCHILL 2005).

Einige Kunden sahen in den Policen Nachteile gegenüber einem Bankprodukt. Sie verglichen die geringere Erlebensfallleistung der Versicherung mit der höheren Ablaufleistung eines Banksparplans. Diesen Kunden ist das Produkt unzureichend erklärt worden oder sie wurden sogar falsch beraten (vgl. ebd).

Implikationen für die Produktentwicklung

Allerdings gibt dieses Verhalten einen wichtigen Hinweis auf die Produktentwicklung. Bei langfristigen Verträgen, wie es bei kapitalbildenden Lebensversicherungen der Fall ist, erfolgt die Zuteilung der Überschussbeteiligung zumeist am Ende der Vertragslaufzeit. Gründe sind z. B. die Erstattung von Sicherheitszuschlägen oder Auszahlung von Rohüberschüssen (vgl. FARNY 2000, S. 75-77). Aber dieses Verfahren ist möglicherweise ungeeignet für den BOP-Markt. Aufgrund der Risikobewältigungsstrategien armer Menschen kann es vorkommen, dass die Kunden auch während der Einzahlungsphase schnell über aufgebautes Vermögen verfügen müssen.

Sofortgewinnbeteiligungssysteme werden bspw. bei Berufsunfähigkeits- oder Krankenversicherungen als preispolitische Instrumente eingesetzt. Es ist denkbar, dass der Einsatz solcher Verfahren am BOP-Markt die Attraktivität von „endowments" erhöht. Das „Sichtguthaben" der Versicherungspolice (Rückkaufswert) wäre zwar, auf Grund der Prämieneinbehaltung für das Risiko der Todesfallabsicherung, immer noch geringer als das eines Bankproduktes, möglicherweise spiegelt aber die nunmehr geringere monetäre Differenz genau den höheren Nutzen des „endowments" gegenüber dem Banksparplan wieder, weil Gewinne dem Vertrag gutgeschrieben werden, wenn sie entstehen.

6 Schlussfolgerungen

6.1 Was können Versicherer von Mikrobanken lernen? – Kriterien für Mikroversicherungsprodukte

Die Auswertung insbesondere der Krise der Mikroversicherungsprodukte der DELTA LIFE INSURANCE und der Arbeit der GRAMEEN-BANK zeigen, dass ein Versicherungsprodukt am BOP-Markt mindestens folgende Kriterien erfüllen sollte:

- Strikte Kosteneffizienz

Die Kosten der Abwicklung der Kreditrückzahlungen scheinen relativ hoch zu sein, weil diese sehr personalintensiv sind. Jedoch hat die GB es geschafft, durch die Organisation der wöchentlichen Zahlungen in den „center meetings" diese Kosten zu optimieren. Zudem gibt es in BOP-Märkten in Entwicklungsländern das Problem von Lohnnebenkosten nicht so stark wie in den Industrienationen.

Die Einkommen der Zielgruppe determinieren die Preisgestaltung einer Mikroversicherung. Das bedeutet, im Sinne PRAHALADs (2006) Produkte zu entwickeln, bei denen zunächst Kosten identifiziert werden, die mit dem Produkt verbunden sind. Im zweiten Schritt müssen Einsparpotenziale ermittelt werden. Das kann auch bedeuten, dass teilweise ungewöhnliche Wege beschritten werden müssen, um Kosten zu sparen. Die Produkte müssten z. B. von impliziten Zusatzleistungen befreit werden. Die Dezentralisierung von Entscheidungsbefugnissen kann nicht nur einen schnelleren sondern auch einen kostensparenden Kundenservice bewirken.

- Hochwertige Produktqualität

Die GB bietet Darlehen – bis auf die Bettlerprogramme – grundsätzlich zu einem Zins an. Sie verschenkt kein Geld, sondern fordert das Darlehen sowie einen in dem Land üblichen Marktzins konsequent zurück. Sie schließt Subventionen in ihrem Kerngeschäft strikt aus und sie ist konsequenter in der Überwachung der Zahlungsmoral ihrer Kunden, als z. T. konventionelle Banken. In diesem Sinne zeigt die Bank, dass auch im Finanzsektor das Anbieten hochwertiger Produkte in BOP-Märkten installierbar ist.

Versicherungsmathematische Regeln aktuarischer Verfahren lassen sich nicht vereinfachen und Überlegungen in diese Richtung sollten strikt vermieden werden. Das wäre im Hinblick auf PRAHALD (2006) das Anbieten eines „unmodernen" bzw. zweitklassigen Produktes. Zudem würde ein Ignorieren dieser Verfahren sowohl das Unternehmen als auch die Versicherten gefährden. In Ermangelung von risikorelevanten Daten muss der Versicherer gegebenenfalls eigene Studien betreiben, um einen relevanten Datenbestand aufzubauen.

- Konsequente Marktforschung zur Produktentwicklung und Verbesserung der Produktqualität

Die Idee zur Entwicklung des Mikrokredites entstand auf Basis einer intensiven Bedürfnisanalyse. YUNUS studierte die Situation der Armen sehr intensiv und detailliert. Das war die Basis für die Entwicklung seiner Produktinnovation. In den „center meetings" wird de facto eine permanente Marktforschung hinsichtlich der Überprüfung der Produktqualität und dem Entdecken neuer bzw. sich wandelnder Bedürfnisse betrieben. Mittlerweile werden Krankenversicherungen auch für Nicht-Mitglieder angeboten.

Für die Versicherer lässt sich übertragen, dass sie die Besonderheiten in einem Land kennen müssen. Die Landeskenntnisse waren für YUNUS implizit vorhanden, weil er in Bangladesch aufgewachsen ist. Insbesondere ausländische Versicherer müssen sich einen dezidierten Überblick über die politische, staatliche, juristische, ökonomische, religiöse, gesellschaftliche, geografische und klimatische Situation des Landes verschaffen. Die Produktentwicklung kann nur aus einer Analyse dieser Gegebenheiten heraus erfolgen. Zielgruppenrelevante Studien sind ein zweites und damit separates Feld der Marktforschung. Instrumente der Datenanalyse müssen nach modernen wissenschaftlichen Methoden angewandt werden. Interviews und Befragungen müssen professionell durchgeführt und mit modernen Werkzeugen ausgewertet werden.

- Vermeidung altruistischer Ansätze

Die anfängliche Entscheidung von YUNUS Geld zu verleihen und nicht zu spenden, war ausschlaggebend für den Erfolg des Geschäftsmodells. Nicht ratsam ist das Engagement einiger MFIs oder NGOs, die aus altruistischen Motiven handeln. Altruismus kann ein Auslöser des Engagements sein, darf aber die Umsetzung bzw. das Anbieten eines Produktes nicht bestimmen. Arme wurden gemäß der Ansicht PRAHALADs von der GB von Beginn an als gleichwertige Marktpartner angesehen. Dieses Bewusstsein ist auch im Bereich des Versicherungswesens essenziell.

Genau genommen ist dieser Denkansatz schädlich für ein echtes Versicherungsprodukt. Ein Mikroversicherungstarif muss sich selbst tragen. Nur dann wird dieses Produkt das Vertrauen der Versicherten gewinnen und die shareholder werden ein Zukunftspotenzial in diesem

Engagement erkennen. Letztlich lässt sich aus erfolgreichen Mikroversicherungsleistungen mit hoher Wahrscheinlichkeit ein Folgegeschäft generieren.

- Transparenz des Produkts

Für die potenziellen Mikrokreditkunden war es anfänglich sehr schwer, dem Produkt „Glauben" zu schenken. Sie verfügten über zahlreiche negative Erfahrungen mit Dritten, die ihnen Geld liehen. Die GB-Kunden kennen den aktuellen Stand des Darlehens und wissen wie die Restschuld kalkulierbar beglichen werden kann, ohne die Einkommenssituation des Haushaltes zu gefährden.

Versicherungskunden müssen sowohl über die Zahlungen der Prämie als auch über die Leistungen des Produktes genaue Kenntnis haben. Das impliziert, dass die Leistungen einfach und klar definiert sind. Einschränkungs- und Ausschlussklauseln müssen überschaubar und abgrenzbar für den Kunden sein. Im Falle von kapitalbildenden Lebens- oder Rentenversicherungen muss der aktuelle Stand des Vermögens oder Rückkaufswertes von Beginn an ausgewiesen werden.

- Enge Kundenbeziehung

Die Erfahrungen der GB zeigen, dass ein ständiger Kontakt mit dem Kunden unabdingbar ist. Nur so können individuelle Zahlungsschwierigkeiten und Risiken, die das Investitionsprojekt betreffen, identifiziert werden. Die Kontakthäufigkeit des Mitarbeiters der Versicherung ist vermutlich geringer als bei den Banken, da die Beträge der Prämien kleiner sind. Für einen Versicherer ist es aber außerordentlich wichtig, dass der Vertreter einen regelmäßigen Kontakt zum Kunden hat, damit ein gegenseitiges Vertrauensverhältnis aufgebaut werden kann. Der Vertreter muss den Servicebereich mit Rücksichtnahme auf die Immobilität der Kunden direkt beim Kunden oder zumindest in dessen Nähe leisten. Das betrifft auch die Schadensabwicklung.

- Barinkasso und flexible Prämienzahlungen

Die Arbeit der GB zeigt, dass die Rikscha-Banker Prämien in bar einziehen und zudem direkt zum Kunden gehen. Es gibt am BOP-Markt kaum Möglichkeiten des Bankzahlungsverkehrs. Diese Besonderheit müssen Versicherer berücksichtigen. Problematisch hier kann sein, dass die Prämienzahlungen sehr viel kleiner sein können als die Darlehensraten. Das bedarf flexibler Zahlungssysteme in größeren Intervallen (monatlich, vierteljährlich usw.).

Zu bedenken ist auch, dass die BOP-Kunden volatile Einkommen haben und möglicherweise nicht immer am vereinbarten Zahltag liquide sind. Bei konventionellen Produkten liegt die

Gefahr nahe, dass der Versicherungsschutz bei Nichteinlösung einer Prämie erlischt. Hier wäre zumindest zu überlegen, ein flexibles Zahlungsfenster innerhalb eines vorher definierten Zeitraumes einzuführen. Bei vielen konventionellen Versicherungstarifen genießen Neukunden vom Datum der Antragstellung bis zur Zahlung der ersten Prämie zu Beginn eines Vertrages bereits ab dem Datum des Antrages einen Versicherungsschutz, ohne die erste Prämie entrichtet zu haben. Hier erlaubt der Versicherer innerhalb eines Zeitfensters dem Versicherten de facto einen Zahlungsaufschub bei vollem Leistungsanspruch. Eventuell ließe sich hieraus die Grundkonstruktion eines flexiblen Zahlungszeitraumes entwickeln, etwa in Form einer Klausel, nach der die Prämie innerhalb einer bestimmten Frist zu entrichten sei. Denkbar wäre auch, dass liquide Kunden Prämien für längere Zeiträume im Voraus entrichten könnten.

- Freiheit von Subventionen

Die GB hat sich zu einer kommerziellen Institution entwickelt. Sie ist auf keine Subventionen angewiesen. Ein Versicherer wird bei Markteintritt zunächst investieren müssen. Möglicherweise wird das Engagement von Spendenorganisationen oder NGOs unterstützt. Das ökonomische Ziel muss aber die Unabhängigkeit von Zuwendungen sein.

- Expansive Marktpenetration

Allgemein anerkannt wird, dass eine hohe Marktpenetration Bedingung für den Erfolg der Installation eines Mikroversicherungsproduktes ist. Das System GRAMEEN benötigte etwa 30 bis 40 Jahre um den nahezu vollständigen BOP-Markt Bangladeschs zu durchdringen. Der Vorteil der Bank war, dass sich diese nahezu konkurrenzlos, sukzessive in den Markt „vorarbeiten" konnte. Hat das Kreditsystem in einem Dorf funktioniert, konnte das nächste erschlossen werden.

Das Problem der Versicherer ist, dass sie in relativ kurzer Zeit eine relativ hohe Zahl an Kunden und somit versicherten Risiken in einem BOP-Markt-Portfolio akkumulieren müssen. Die Gründe hierfür liegen in der Risikokalkulierung und im Prämieninkasso. Dies erfordert geeignete Strategien für eine relativ schnelle Marktdurchdringung. Das Beispiel der DELTA LIVE INSURANCE hat gezeigt, dass bei unkontrollierter und unkoordinierter Durchdringung die Strategie fehlschlagen kann. Gleichwohl sollte das Potenzial von Organisationen geprüft werden, die „nah am Kunden" tätig sind, um deren Vertriebspotenzial zu nutzen. Diese Organisationen könnten durchaus NGOs oder auch örtliche inländische Institutionen sein, die ein Interesse an der Verbreitung von Mikroversicherungen haben können.

- Kontrolle der Mitarbeiter

Die GB kontrolliert ihre Mitarbeiter relativ stark. Einerseits werden sie durch Identifizierung von Problemregionen durch die Zentrale überwacht. Andererseits erfolgt eine Kontrolle durch die Kunden selbst, da diese gleichzeitig Anteilseigner dieser Bank sind. Das Studium der Krise der DELTA LIVE INSURANCE verdeutlicht die enorme Bedeutung des Controllings auch am BOP-Markt.

- Aufklärung der Kunden

Teil des Systems der GB ist es, über die reine Kreditvergabe hinaus, Wissen zum erfolgreichen Managen des Investitionsprojektes zur Verfügung zu stellen. Dies ist der Schlüssel zum Erfolg des Mikrokredits. Für Versicherungen bedeutet dies, die Kunden von Beginn an über die Funktionsweise des Versicherungsproduktes aufzuklären. Sie müssen verstehen, dass eine Versicherung keine zusätzliche Einkommensquelle ist, sondern sie vor negativen finanziellen Folgen potentieller Gefahren schützt. Sie müssen lernen, dass Betrug und moral hazard letztendlich der Gemeinschaft schaden. Dies ist ein Beitrag zur Prävention von moral hazard, Betrug und den sich aus adverser Selektion ergebenden Folgen.

Im Bereich von „endowment"-Produkten ist es essenziell den Kunden zu erklären, dass ein solches Produkt eine Risiko- und eine Sparkomponente enthält. Sie haben eine Möglichkeit, neben der Hinterbliebenenabsicherung Kapital zu akkumulieren. Es ist wichtig, darüber aufzuklären, dass sich die Rückkaufswerte mit der Entwicklung von Banksparprodukten nicht vergleichbar sind, da von der Gesamtprämie zusätzlich die Risikoabsicherung gedeckt wird.

6.2 Möglichkeiten der Gestaltung von „endowment"-Produkten am Beispiel des Kriteriums „Strikte Kosteneffizienz"

Eine Steigerung der Attraktivität eines Lebensversicherungsproduktes für BOP-Markt-Kunden ist potenziell mit der Kombination von Prämienzahlungen und der Verteilung der Abschlusskosten möglich. Wenn man z. B. die Zahlung der Provision an den Zeitpunkt der Zahlung der Prämie knüpft, wäre eine Reihe von Vorteilen nutzbar. Im konventionellen Sachgeschäft werden bspw. Provisionen mit dem Eingang der Zahlung einer Jahresprämie beim Versicherer fällig. Die Idee ist, dieses Prinzip zu übertragen.

Es ist denkbar, dass der Vermittler einer Lebens- oder Rentenversicherung mit einem Prozentsatz am Betrag der eingezogenen Prämie vergütet wird. Dies entspricht in etwa der Vorgehensweise der Vergütung der „Rickschah-Banker". Es ergäbe sich der Vorteil, dass die

Kosten des Abschlusses nicht gezillmert werden müssten. Die Attraktivität der Versicherung gegenüber einem Banksparplan steigt, weil in der Anfangsphase geringere Kosten anfallen als bei konventionellen Lebensversicherungsprodukten.

Im Prinzip entspräche das auch banküblichen Verfahren, etwa bei Banksparplänen. Die Bank zahlt einem Einleger auch erst ab dem Tag der Einzahlung einen Zins. Sie erwirtschaftet mit der Einlage Erlöse, gibt diese aber nicht komplett an den Kunden weiter. Von der Zinsgutschrift, die der Kunde erhält, werden u. a. die mit dem Handling der Einlage verbundenen Bankkosten abgezogen. Ähnlich funktioniert das Prinzip beim Erwerb von Wertpapierfondsanteilen. Disagios oder Ausgabeaufschläge werden mit dem Erwerb der Wertpapiere oder Anteile fällig und zum Zeitpunkt der Einzahlung verbucht.

Für das Vergütungswesen im Leben-Geschäft bedeutet das möglicherweise ein Umdenken. Nur die verdiente bzw. eingenommene Prämie wird verprovisioniert. Nun mag argumentiert werden, dass mit dem Zustandebringen des Vertrages für den Vermittler Kosten entstehen, die er auch vergütet haben will. Das ist richtig. Aber wie das Beispiel DELTA LIFE zeigt, sind offensichtlich auch Fehler in der Beratung und im System der Überwachung der Zahlungsströme und im Servicebereich unterlaufen.

Man könnte die Leistung des Vermittlers oder Vertreters auch darin sehen, dass dieser für die Zahlung der Prämien mit verantwortlich ist und damit erst Anspruch auf Vergütung bei Vertragserfüllung des Versicherten hat. Im Übrigen ist dies ja selbst im regulären Leben-Geschäft zumindest zu Beginn eines Vertrages der Fall. Auch hier ist die Provision erst verdient, wenn die Abschlusskosten gezillmert und die Storno-Haftungszeit vorüber ist.

Für den Kunden gäbe es zusätzliche Vorteile. Die verringerte Belastung durch die Zillmerung würde die Performance des Produktes, also die Entwicklung des gesparten Kapitals, von Beginn an günstiger gestalten. Einerseits zahlen die Versicherungsnehmer den Hauptteil der Provision, wenn sie ökonomisch entsteht. Andererseits entstehen dem Versicherer keine Kosten der Finanzierung aus Vorverauslagung der Provisionen. Diese Kosten müsste der Versicherungsnehmer ebenfalls nicht tragen (vgl. FARNY 2000).

Ein letztes Argument ist ebenfalls zu bedenken. Die Praxis der Arbeit der GRAMEEN-Banker zeigt, dass sie eine hohe Kundenbindung haben und somit das Vertrauen der Kunden gewinnen und ausbauen können. Genau das ist auch ein Punkt, den Versicherer sich zunutze machen können. Vertriebsmitarbeiter konventioneller Versicherer haben genau genommen ab dem Zeitpunkt des Ablaufes der Storno-Haftungszeit kaum noch ein Interesse am Fortbestehen eines vermittelten Vertrages. Somit liegt die Gefahr nahe, dass sie Bestandskunden nur noch dann betreuen, wenn sie ein Neugeschäft akquirieren können. Wäre das Provisionssystem an die regelmäßigen Prämienzahlungen gekoppelt, ist davon auszugehen, dass die Vermittler eines Versicherungsvertrages bzw. die Vertreter einer Versicherungsgesellschaft ein echtes Interesse an der Betreuung des Kunden haben. Das wiederum erhöht die Chancen für ein langfristiges Bestehen eines Mikroversicherungsvertrages.

6.3 Ein Vorschlag für die Organisation eines Vertriebssystems

Organisiert werden muss ein Vertriebssystem unter dem zwingenden Aspekt der Kosteneffizienz. Es gibt in der Dritten Welt mittlerweile moderne Kommunikationstechnologien wie Internet, Telefon und Mobilfunknetze. Diese sind notwendige Bedingungen, um wirksame Kostenvorteile zu erreichen. Es ist z.B. möglich, dass ein Kunde seine Police in Form eines Sparbuches erhält. In diesem werden die Prämienzahlungen vermerkt. Der Vorteil ist, dass dem Kunden schnell ersichtlich ist, welchen Stand die Prämienzahlungen haben und der Nachweis über die Prämienzahlung ist dokumentiert. Weiterhin kann der aktuelle Stand der Entwicklung des Sparanteils bei „endowments" von Beginn an transparent – das ist für die angesprochene Kundenklientel enorm wichtig – abgebildet werden.

Wenn man dieses „Policenbuch" oder „Prämiennachweisbuch" physisch so gestaltet, dass es bedruckbar ist, kann der Stand der eingezahlten Prämien effektiv verwaltet werden. Die Vertragsnummer wird auf dem Buch vermerkt. Der Vertrag wird sowohl beim Versicherer in der Zentrale als auch beim Vermittler unter derselben Registrierungsnummer verwaltet. Über diese Nummer kann die Vermittlerstruktur verwaltet werden. Vermittler und Versicherer stehen durch Datenaustausch mittels regelmäßiger Updates bzw. Datenfernübertragung (DFÜ) in Kommunikation.

Der Vermittler geht bspw. in ein Dorf und ist mit seinen Kunden verabredet, ähnlich wie es mit den Center-Meetings der GB funktioniert. Er hat ein Notebook mit integriertem Drucker, der das Format des Policenbuches bedrucken kann. Das könnte z. B. eine Nadeldrucktechnik sein. Technische Lösungen dafür existieren. Die Kunden werden per EDV-Software verwaltet. Aus der Kundendatei ruft er die Vertragsnummer auf, gibt den Betrag der eingezahlten Prämien ein, ergänzt das Policenbuch um die Neueinzahlung direkt durch Druckfunktion aus der Software heraus und nimmt das Geld entgegen. Mit dem Druckvorgang wird automatisch die Zahlung gebucht.

Bei Rückkehr in das Büro des Vermittlers wird der Datenabgleich mit der Zentrale des Unternehmens per DFÜ durchgeführt. Die Hauptverwaltung ist praktisch am selben Tag über den Zahlungseingang informiert. Der Vermittler zahlt die Tageseinnahmen auf das Bankkonto des Versicherers unter Angabe der Datentransfernummer (DTN) ein.

Verbucht die Zentrale des Versicherers den Zahlungseingang, müsste diese nur noch die DTN aus dem DFÜ-Protokoll abrufen und hätte sofort alle vertragsrelevanten Angaben auf dem Bildschirm zu Verfügung. Zahlungseingänge können sofort den Einzelverträgen zugeordnet werden. Dieser Prozess könnte sogar vollautomatisch ablaufen, wenn es z. B. ein spezielles Bankkonto gäbe, auf dem nur Zahlungen eingehen, die diese DTN enthalten. Das Buchungssystem des Versicherers könnte diese Nummer beim Verbuchen des Kontoauszuges automatisch abrufen und mit dem DFÜ-Protokoll abgleichen. Entscheidend ist, dass der Mitarbeiter der Versicherung verwaltungsrelevant Aufgaben einschließlich des Zahlungsverkehres übernimmt, da BOP-Kunden in der Regel nicht über Bankkonten verfügen.

Diese Vorgehensweise hätte einen wesentlichen Vorteil: Die Daten des Kunden würden nur einmal bei der Antragsaufnahme vollständig „in die Hand" genommen. Die Zahlung der sehr kleinen Prämien erfordert einen sehr geringen Verwaltungsaufwand (Vertragsnummer aufrufen, auf „Zahlungseingang" klicken, Summe eintragen, auf „Bestätigen/Drucken" klicken, Geld in die Kasse legen). Die variablen Kosten werden gering gehalten.

Zudem würde die Verprovisionierung ebenfalls automatisch ablaufen können. Über die Vertragsnummer ist die Vergütungsstruktur bzw. aus dem DFÜ-Protokoll ist der Einzahler der eingenommen Prämien feststellbar. Über diese Daten kann sehr schnell die Provision vergütet werden. Da sie verdient ist, entfällt die kostenverursachende Verwaltung von Stornoreservekonten. Es bestünde die Möglichkeit, dass der Vermittler die Vergütung direkt einbehält. Dieses Verfahren ist aber eventuell aus Gründen des Monitoring bzw. Controlling zu prüfen.

Die Versicherungsgesellschaft hat mit dieser elektronischen Verwaltung der Bestandsdaten ein wichtiges Kontrollinstrument zur Verfügung. Sie kann jederzeit aufgrund der vorhandenen Daten zur Überwachung des Zahlungsverkehrs Unregelmäßigkeiten ermitteln und zeitnah reagieren. Einerseits können Supportsysteme gezielt in Problemregionen installiert werden, andererseits kann die Qualität der Vermittlertätigkeit überwacht werden.

Hinzu kommt, dass die Möglichkeit der Unterschlagung von Prämieneinnahmen durch einen Vermittler gemindert wird. Der Kunde wird großen Wert auf seine Quittung im Policenbuch legen. Damit ist die Zahlung erfasst und sollte nicht mehr manipulierbar sein. Der Vermittler erhält seine Vergütung nur aufgrund der Übermittlung der Daten per DFÜ bzw. der Verbuchung des Zahlungseinganges in der Zentrale. Die Gesellschaft hat ein Instrument zur Überwachung der Weitergabe der Zahlungen zur Verfügung.

Auch die Antragsauf- bzw. sogar -annahme kann mittels dieser Policenbücher unkompliziert und kosteneffizient gestaltet werden. Ein gut geschulter Vermittler könnte eine Risikoprüfung – je nach Art des zu versichernden Risikos – direkt vor Ort vornehmen. Die Kundendaten werden bei Beantragung direkt in die Datenbank eingepflegt. Diese Tätigkeit ist ohnehin bei jeder Neukundenaufnahme notwendig.

Liegt bei Antragstellung vor Ort ein normales Risiko vor, könnte der Neukunde sein Policenbuch gleich mitnehmen und die erste Prämie einzahlen. Behält sich die Hauptverwaltung aufgrund der Unternehmenspolitik vor, in der Zentrale die Risikoprüfung vorzunehmen, könnte man die Freigabe eines Antrages ebenfalls per DFÜ organisieren. Z. B. könnte in der Datenverwaltungssoftware ein Modul implementiert sein, welches die Zahlungseingänge erst akzeptiert, wenn die Vertragsnummer freigegeben ist.

Ein derartiges System bedarf sicherlich einiger Investitionen. Aber jede Markteinführung verursacht zunächst Kosten. Wird die Abwicklung des praktischen Versicherungsgeschäftes im Sinne der Kunden entwickelt, wird sich das Gesamtprodukt (Risikoabsicherung + Prämieneninkasso + Kundenservice + Schadensabwicklung + Ablaufabwicklung) langfristig durchsetzen können und damit profitabel und im Sinne der Kunden und der shareholder sein.

Ein Mitarbeiter der Versicherung hat einen dreifachen Anreiz: (i) Er wird es sehr ernst nehmen, qualitativ hochwertig zu verkaufen, weil seine Arbeit ihm zukünftig Einkommen einbringt. (ii) Er wird den Service und die Beratungsqualität sehr erst nehmen, weil ihm der wöchentliche oder monatliche Besuch sein gegenwärtiges Einkommen sichert und der Kontakt mit seinem Kunden zusätzliches zukünftiges Einkommen einbringen kann. (iii) Öffentliche Schadensabwicklungen direkt vor Ort sind vertrauensfördernd. Hieraus lässt sich Neugeschäft generieren.

6.4 Ausblick

Der hier ausgearbeitete Vorschlag für die Organisation eines Vertriebssystems am BOP-Markt in Bangladesch – wenngleich sie auch etwas unreif erscheinen mag – zeigt, dass es Potenziale gibt, das hier entwickelte Kriterium der „Strikten Kosteneffizienz" umzusetzen. Bei einer tieferen Analyse sollten sich weitere Einsparpotenziale entdecken lassen.

Die hier herausgearbeiteten weiteren Kriterien geben Versicherungsunternehmen wertvolle Hinweise bezüglich der Entwicklung von Versicherungsprodukten für Arme. Durch die Zusammenarbeit von Banken und Versicherungen lassen sich wertvolle Synergien erzielen. Zum einen können die Versicherer dort Produkte anbieten, wo Kunden anzutreffen sind, für die Prämien auch bezahlbar sind. Zum anderen können durch gegenseitiges Nutzen der Vertriebsstrukturen auch Kunden erreicht werden, die keine Mikrokredite nutzen. Weiterhin ist es für Banken von Vorteil, wenn sie an die Grenzen im Angebot eigener Versicherungsproduktlinien stoßen.

Ein Ergebnis ist auch die Erkenntnis, dass es sehr risikoreich ist, wenn sich Versicherer im Bankgeschäft versuchen oder umgekehrt. Durch eine Zusammenarbeit könnten nicht nur Kosten gespart, sondern auch know-how ausgetauscht werden. Jeder Branchenvertreter würde von den Stärken der anderen Seite profitieren können. Gleichwohl wird es eine wichtige Aufgabe beider Institutionen sein, klar an die Kunden zu kommunizieren, worin die Leistung des jeweiligen Produktes besteht, wobei eine Mikroversicherung möglicherweise einen höheren Erklärungsbedarf haben dürfte als ein Mikrokredit.

Möglicherweise bieten die Ansätze des Islamic Banking und der Umgang mit Versicherungen im Islam Anregungen für eine Entwicklung von Mikroprodukten. Die Idee der „gerechten" Verteilung von Einzelrisiken auf eine große Zahl Arme ist beachtenswert. Sie ist nicht neu, aber eventuell ergeben sich gerade bezüglich der hier untersuchten Klientel wertvolle Erkenntnisse, die der Produktentwicklung dienen können. Wenn die Versicherten gleichzeitig die Anteilseigner des Unternehmens sind, lässt sich möglicherweise analog der Erfahrungen der GRAMEEN BANK ein wirksames und nachhaltiges Versicherungswesen installieren.

Festzuhalten bleibt: Mikroversicherungsprodukte, die nicht oder nur halbherzig auf die Bedürfnisse der Armen eingehen, werden am BOP-Markt nicht durchsetzbar sein. Jede Fehlkalkulation, jedwede Halbherzigkeit im administrativen Bereich oder in der Schadensabwicklung, jede Lücke in der Marktforschung und jede fehlerhafte Bedürfnisanalyse wird zu einer ruinösen Situation führen. Folglich müssen sich potentielle Versicherer einer Tatsache absolut bewusst sein: Die Bedingungen des Marktes werden von den Kunden „diktiert" und durchsetzen wird sich nur derjenige Versicherer, der ein „echtes" Mikroversicherungsprodukt anbietet.

7 Literatur

(AI 2007) **Amnesty International**: Jahresbericht 2007. Fischer. Frankfurt 2007.

(ALLIANZ 2006) **Allianz AG** : "Familien-Regenschirm" – Mikroversicherung in Indonesien: Interview mit Jens Reisch. Asuransi Allianz Life Indonesia. Jakarta. 27.09.2006. veröffentlicht im Internet auf der Homepage der Allianz AG. Stand. 05/2007. URL.: http://www.allianz.com/de/allianz_gruppe/presse/newsdossiers/mikrofinanz/news1.html

(ALLIANZ, GTZ, UNDP 2006) **Allianz AG, GTZ and UNDP** : Microinsurance an Market Prospects – Indonesia. Public Private Partnership. Internetpublikation veröffentlicht auf der Homepage des Microinsurance Center. August 2006. URL.: http://www.microinsurancecentre.org/resources/Documents/Microinsurance_Demand_a nd_Market_Prospects_Indonesia.pdf

(ANSARY 2007) **Ansary**: Ta'min über Versicherungen – Versicherungen und islamisches Recht. Onlineressource. Stand 06/2007. URL.: http://www.ansary.de/Islam/Fetwa%20Versicherung.html

(AYUB 2007) **Ayub, Muhammad**: An Introduction to Takaful – An Alternative to Insurance. Islamic-World.net. Onlineressource. Stand 05/2007. URL.: http://www.islamic-world.net/economics/takaful_intro.htm

(BE 2007) **Botschaft von Bangladesch in der Bundesrepublik Deutschland**: Internetauftritt. Stand: 05/2007. URL.: http://www.bangladeshembassy.de/

(BFAI 2006) **Bundesagentur für Außenwirtschaft**: Wirtschaftentwicklung Bangladesch 2005/06. Köln. 2006. Onlinepublikation. Stand 06/2007. URL.: http://www.bfai.de/ext/anlagen/PubAnlage_2508.pdf

(BFAI 2007) **Bundesagentur für Außenwirtschaft**: Deutschland – Wirtschaftsdaten kompakt Mai 2007. Köln. 2007. Onlinepublikation. Stand 08.05.2007. URL.: http://www.bfai.de/DE/Content/__SharedDocs/Links-Einzeldokumente-Datenbanken/fachdokument.html

(BI 2007) **BangladeshInfo.com**: Informationsportal von Bangladesch. Stand 06/2007. URL.: http://www.bangladeshinfo.com/business/insurance01.php

(BLASBERG 2007) **Blasberg Anita und Marian**: Vor der großen Flut. IN: DIE ZEIT Nr. 21. Zeitverlag. Hamburg 17.05.2007.

(BMZ) **Bundesministerium für wirtschaftliche Zusammenarbeit und Entwicklung**: Armut: Zahlen und Fakten. Homepage des BMZ. Stand 03/2007. URL.: http://www.bmz.de/de/themen/armut/hintergrund/armut_zahlen/index.html

(BMZ a) **Bundesministerium für wirtschaftliche Zusammenarbeit und Entwicklung**: Die Millenniumsentwicklungsziele. Homepage des BMZ. Stand 03/2007. URL.: http://www.bmz.de/de/zahlen/millenniumsentwicklungsziele/index.html

(BÖHME 2005) **Böhme, Kathrin**: Gift aus der Pumpe. Arsenverseuchtes Trinkwasser in Bangladesch. IN: NETZ Partnerschaft für Entwicklung und Gerechtigkeit e.V.. Bangladesch-Zeitschrift 2/2005. NETZ. Wetzlar 2005.

(CHURCHILL 2006) **Churchill, Craig** (Edit.) Protecting the poor - A microinsurance compendium. International Labour Office in association with MunichRe Foundation. Genf 2006.

(CIA 2007) **Central Intelligence Agency**: The World Factbook 2007. Onlineressource. Stand 06/2007. URL.: https://www.cia.gov/library/publications/the-world-factbook/geos/bg.html

(CMC 2006) **Cashpor Micro Credit DLW Bhikhari pur, Varanasi INDIA** (CMC): Monthly Project Statement November 2006. Veröffentlicht auf der Homepage der CMC. Stand 05/2007. URL.: http://www.cashporindia.net/index.asp

(DUNN/KALAITZANDONAKES/VALDIVIA 1996) **Dunn, Elizabeth/Kalaitzandonakes, Nicholas/ Valdivia, Corinne**: Risk and the Impacts of Microenterprise Services. Assessing the Impact of Microenterprise Services (AIMS). Washington D.C.. 1996. Internetpublikation. Stand 19.05.07. URL.: http://pdf.dec.org/pdf_docs/PNABZ078.PDF

(EVERS 2007) **Evers, Georg**: Politisch und religiös gespannt – Bangladesch nach der Aussetzung der Parlamentswahlen. IN: Herder Korrespondenz. 3/2007. S. 154-159. Herder. Freiburg 2007.

(FARNY 2000) **Farny, Dieter**: Versicherungsbetriebslehre. 3. überarbeitete Auflage. Verlag f. Versicherungswirtschaft. Karlsruhe 2000.

(GDRC 2000) **Global Development Research Center**: International Discussion Forum on Micro-Insurance – Report on the Proceedings. Dhaka, Bangladesh 29.02.2000. Onlineressource. Stand 06/2007. URL.: http://www.gdrc.org/icm/micro-insurance.html

(GEOGRAPHIXX 2007) **Geographixx**: Naturkatastrophen in Bangladesch. Onlineressource. Stand 05/2007. URL.: http://www.geographixx.de/naturkatastrophen/liste.asp?land=Bangladesch

(GRAMEEN 2007) **Grameen Bank**: Credit delivery system. Onlineinformation der Grameen-Bank. Stand: 06/2007. URL: http://www.grameen-info.org/bank/cds.html

(GTZ 2006) **Deutsche Gesellschaft für Technische Zusammenarbeit mbH** (GTZ): Islamic Banking und Mikrofinanzierung - Herausforderungen für die Finanzsystementwicklung in der Entwicklungszusammenarbeit. GTZ. Eschborn. 2006. Verfügbar im Internet. Stand 06/2007. URL. http://www.gtz.de/de/dokumente/de-islamic-banking.pdf

(HOFER 2005) **Hofer, T./Messerli B.**: Fluten: vom Menschen verursacht? IN: NETZ Partnerschaft für Entwicklung und Gerechtigkeit e.V. Bangladesch-Zeitschrift 2/2005. NETZ. Wetzlar 2005.

(HR 2006) **Hannover ReTakaful**: Hannover Rück startet Tochtergesellschaft für schariakonforme Rückversicherung. Pressemitteilung vom 08.12.06. Onlineressource. Stand 06/2007. URL.: http://www.hannover-rueck.de/media/news/press/archiv-2006/pm061208/index.html

(ICMIF 2007) **International Cooperative and Mutual Insurance Federation**. Full Takaful Operators. Onlineressource. Stand 06/2007. URL.: http://www.icmif.org/services/takaful/directory.asp

(IF 2007) **Islamic Finance**: Onlineressource. Michael Gassner Consultancy Ltd., London. Stand 05/2007. URL.: http://www.islamicfinance.de/german.html

(III 2006/07) **Insurance Information Institute** (Hrsg.): International Insurance Fact Book. Insurance Information Institute. New York. 2007. Onlinepublikation. Stand 06/2007. URL.: http://www.internationalinsurance.org/international/toc/

(ILO) **International Labour Office**: Global Employment Trends – Brief, January 2006. IN. Onlinepublikation der Bundeszentrale für politische Bildung (BPB). Bonn. Stand 03/2007. URL.: http://www.bpb.de/files/J2YYLH.pdf

(KFW 2004) **KfW Entwicklungsbank**: Microinsurance Symposium 2004 –Risk Management in Life Insurance. Vortrag der Gemini Life Insurance Company (GLICO). Ghana. Internetpublikation. Stand 22. Oktober 2004. URL.: http://www.kfw-entwicklungs-bank.de/EN_Home/Topics/FinancialS15/Events29/Microinsurance_Symposium_2004/Risk_Management_in_Life_Insurance.pdf

(KLEMP 1992) **Klemp, Ludgera**: Soziale Sicherheit in Entwicklungsländern. IN: Aus Politik und Zeitgeschichte (APUZ). 1992. B50. S.47-54.

(KNAPPMANN 2006) **Knappmann, Lutz**: Europas Finanzhäuser drängen ins Islam-Banking. IN: Spiegel Online vom 22. Februar 2006. Internetpublikaton. Stand 06/2007. URL.: http://www.spiegel.de/wirtschaft/0,1518,401904,00.html

(KROPP 2001) **Kropp, Erhard**: Armutsbekämpfung durch Sparen und Kredit – Die Rolle von Nichtregierungsorganisationen. IN: Armut ins Museum? Der Beitrag von Kleinkrediten zur Entwicklung Bangladeschs. NETZ Partnerschaft für Entwicklung und Gerechtigkeit e.V.. Bangladesch-Zeitschrift 1/2001. NETZ. Wetzlar 2001.

(LOHMANN 2000) **Lohmann, Dieter**: "Land unter" – Vernichtende Fluten auf dem Vormarsch? IN: Scinexx.de- Magazin für Geo- und Naturwissenschaften. Springer. Heidelberg. Onlinepublikation v.19.11.2000. Stand 06/2007URL.: http://www.scinexx.de/index.php?cmd=focus_detail2&f_id=32&rang=11

(MCCORD 2003) **McCord, Michael J.:** The Lure of MicroInsurance: Why MFIs Should Work with Insurers. MicroInsurance Centre. Briefing Note # 1. 2003. Internetpubliktion. Stand 19.05.07. URL.: http://www.microinsurancecentre.org/index.cfm?fuseaction= resources.detaildoc&showcontributorID=37

(MCCORD/CHURCHILL 2005) **McCord, Michael J./Churchill, Craig**: Delta Life Bangladesh - Good and Bad Practices (Case Study No. 7). CGAP Working Group on Microinsurance. Internetpublikation veröffentlicht auf der Homepage des Microfinance Gateway. Stand 06/2007. URL.: http://microfinancegateway.org/files/25381_file_Delta.pdf

(MFG 2007) **The Microfinance Gateway**: Microinsurance Products. Onlineressource. Stand 06/2007. URL.: http://www.microfinancegateway.org/resource_centers/insurance/products

(MOCB 2007) **Homepage des Ministry of Commerce Bangladesch**. Stand 06/2007. URL.: http://www.mincom.gov.bd/

(NETZ 2001) **NETZ Partnerschaft für Entwicklung und Gerechtigkeit e.V.**: Verletzt – verschleiert – stark?. Frauen – und ihre Rechte in Bangladesch. Bangladesch-Zeitschrift Bangladesch Zeitschrift 4/2001. Wetzlar 2001.

(NETZ 2003) **NETZ Partnerschaft für Entwicklung und Gerechtigkeit e.V.**: Gewalt, Macht, Recht – Lokale Machtstrukturen in Bangladesch. Bangladesch-Zeitschrift 1/2003. NETZ. Wetzlar 2003.

(NUSCHELER 2006) **Nuscheler, Franz**: Entwicklungspolitik. Dietz. Sonderausgabe der Bundeszentrale für Politische Bildung. Bonn 2006.

(OHCHR 2007) **Office of the United Nations High Commissioner for Human Rights – Genf**: What is poverty? Homepage des OHCHR. Stand 03/2007. URL.: http://www.unhchr.ch/development/poverty-02.html

(OI 2007) **Opportunity International:** Zeittafel 35 Jahre. Opportunity International Deutschland. Bielefeld. Homepage der OI. Stand 05/2007. URL.: http://www.oid.org/oi-dokumente/35-jahre-oi.html

(PRAHALAD 2006) **Prahalad, C.K.**: Der Reichtum der Dritten Welt – Armut bekämpfen, Weltweiten Wohlstand fördern, Würde bewahren. Finanzbuchverlag. München 2006.

(SCHRÖDER 2006) **Schröder, Jens**: Hier spricht der Friedens-Nobelpreisträger! IN: GEO Magazin Nr. 10/06 - Die Kraft der Zuversicht. Gruner + Jahr. Hamburg 2006.

(SEBSTAD/COHEN 2000) **Sebstad, Jennefer/Cohen, Monique**: Microfinance, Risk Management, and Poverty – Synthesis Study Based on Field Studies Conducted by Ronald T. Chua, Paul Mosley, Graham A. N. Wright, Hassan Zaman. Assessing the Impact of Microenterprise Services (AIMS). Washington D.C.. 2000. Internetpublikation. Stand 19.05.07. URL.: http://microfinancegateway.org/files/2468_file_02468.pdf

(SPIEGEL, P. 2006) **Spiegel, Peter**: Muhammed Yunus – Banker der Armen. Der Friedensnobelpreisträger. Sein Leben. Seine Vision. Seine Wirkung. Herder. Freiburg im Breisgau 2006.

(SWISSRE 2001) **Schweizerische Rückversicherungs-Gesellschaft** (Hrsg.): Natur- und Manmade-Katastrophen 2000. Trotz riesiger Fluten weniger Versicherungsschäden. SwissRe. Sigma Nr. 2/2001. Zürich 2001.

(SWISSRE 2003) **Schweizerische Rückversicherungs-Gesellschaft** (Hrsg.): Alternativer Risikotransfer – Eine Bestandsaufnahme. SwissRe. Sigma Nr. 1/2003. Zürich 2003.

(UNDP 2006) **Vereinte Nationen** (United Nations, UN) / **United Nations Development Programme** (UNDP): Human Development Report 2006 – Beyond scarcity: Power, poverty and the global water crisis. Onlinepublikation. Stand 03/2007. URL.: http://hdr.undp.org/hdr2006/pdfs/report/HDR06-complete.pdf

(WELTBANK 2001) **The International Bank for Reconstruction and Development / The World Bank**: World Development Report 2000/2001 – Attacking Poverty. World Bank Oxford University Press. New York 2001.

(WELTBANK 2007) **Weltbank** (Hrsg.): Weltentwicklungsbericht 2007 – Entwicklung und die nächste Generation. Sonderlizenzausgabe für die Bundeszentrale für Politische Bildung, Droste. Bonn 2007.

(WSJ 2001) **The Wall Street Journal**: Grameen Bank, Which Pioneered Loans For the Poor, Has Hit a Repayment Snag. 27.11.2001. Onlinearchiv. Stand: 05/2007. URL.: http://online.wsj.com/public/resources/documents/pearl112701.htm

(YUNUS 1998) **Yunus, Muhammad**: Grameen, Eine Bank für die Armen der Welt. Lübbe. Bergisch Gladbach 1998.

(YUNUS 2007) **Yunus, Muhammad**: Grameen Bank at a Glance. Onlinepublikation. Stand Mai 2007. URL.: http://www.grameen-info.org/bank/GBGlance.htm

(ZWEIFEL/EISEN 2003) **Zweifel, Peter / Eisen, Roland**: Versicherungsökonomie. 2. verbesserte Auflage. Springer. Berlin, Heidelberg, New York 2003.